教科書 家基 708 準拠

JN113693

家庭基礎

教科書準拠 学習ノート

明日の生活を築く

開隆堂

もくじ

❶ 人の一生と生活課題

____ 年 ____ 組 _____ 番　　　　____ 月 ____ 日

名前

| 学習の ねらい | ・生涯発達と青年期を理解する。
・性とパートナーシップについて理解する。 |

memo

はじめに

青年期に出合う問題や考えたいことはどのようなことだろうか。

> 自分のことや家族のこと…。いろいろあるなあ。

チェック　重要語句をまとめよう。

Check

ライフ ステージ	人の発達過程のことをさし，乳児期，幼児期，児童期，(¹　　　　　) 期，壮年期，(²　　　　　) 期などがある。
自　立	生活的自立，(³　　　　　) 自立，精神的自立，社会的自立，性的自立などがある。
セクシュアリティ	その人にとっての性のあり方の概念。自分の性をどのように認識しているかをさす (⁴　　　　　)，どういう性別の人を好きかをさす (⁵　　　　　)，自分自身をどのように見せたいかをさす (⁶　　　　　)，身体の性など，さまざまな観点がある。
ジェンダー	歴史的・社会的・(⁷　　　　) 的に形成された性のありようのこと。「男は外で働き，女は家庭を守るべきである」という考えを (⁸　　　　　　　) という。
ジェンダー・ギャップ指数	各国における男女間の格差を数値化したもの。経済，教育，健康，政治の 4 つの分野から作成される。日本は (⁹　　　　) と (¹⁰　　　　) の分野でその格差が大きい。

確認 ❶

生涯にわたる発達と青年期について，次の文章の（　　　）に適する言葉を記入しよう。

　青年期は，心身の大きな変化を経験する。自分とは何なのかという問いかけが始まり，(¹　　　　　　　　　　　) を模索する時期である。また社会でどのような職業につくのかなどの (²　　　　) 観や結婚観，家族観も考え始める時期である。

確認 2

法律や条約について，関係の深いものを線で結んでみよう。

(1) 女子差別撤廃条約　・

(2) 男女雇用機会均等法　・

(3) 男女共同参画社会
　　基本法　　　　　・

・a 男女が社会の対等な構成員として政治的，社会的に参画し，共に責任を担うべき社会の実現をめざした法律。

・b 男女平等を推進する国際社会の動きから1979年に国連で採択。日本は1985年に批准。

・c 性別を理由とする職業の差別を禁止した法律。

確認 3

これからのパートナーシップについて，次の文章の（　　　）に適する言葉を記入しよう。

　誰もが性的な関係，妊娠，避妊，中絶，出産について自分自身で決めることができ，その選択が守られる権利がある。これを (^{1}　　　　　　　　　　　　　　　）という。

　(^{2}　　　　　　　　　　　　　　　）は，親密な関係の中で起こるさまざまな暴力によって相手を自分の思いどおりにしようとする力による支配である。交際中の若いカップルの間でも起こっており，これを (^{3}　　　　　　　）という。

考察

あなたは性別役割分業についてどのような意見をもっていますか。また，それはなぜですか。

「男は外で働き，女は家庭を守るべきである」という考え方

□賛成　■どちらかといえば賛成　■どちらかといえば反対
■反対　□分からない

（内閣府政策統括官（共生社会政策担当）「少子化社会に関する国際意識調査」2011年）

振り返り　次の文章が正しければ○を，誤っていれば×を記入しよう。

・自立とは，身の回りのことを人の助けを借りずにすべて自分一人でできる状態のことをいう。…（^{1}　　　）

・性とは女／男の2つに分けられるものではなく，さまざまな観点の組み合わせからなる多様で複雑なものである。…（^{2}　　　）

【自己評価】

・生涯発達およびパートナーシップについて理解できたか。…（ Ａ・Ｂ・Ｃ ）

❷将来を見通しこれからを生きる

_____年_____組_____番　　　_____月_____日

名前

学習の
ねらい　・これからの進路や働き方を理解する。

memo

はじめに

自分の強みを活
かす職業を考え
てみよう。

どのような職業に就いて，どのような働き方をしたいか，あなたの
将来について考えてみよう。

チェック　　重要語句をまとめよう。

Check

高校卒業後の進路	(¹　　　　)：大学・専門学校などで学ぶこと。 (²　　　　)：語学留学・大学留学して学ぶなど。 (³　　　　)：企業・役所・NPO法人などに勤務すること。 (⁴　　　　　　　)：雇用されずに個人で契約を結び，仕事をすること。 (⁵　　　　　　)：顧客にモノやサービスを提供して利益を得ること。
正規雇用	雇用期間の定めのない者。(⁶　　　)があり，賞与や(⁷　　　　　)が認められる。
非正規雇用	限られた期間・時間に働く者。自由度が高い反面，昇進・賞与・退職金がない場合が多い。(⁸　　　　　　　　　)労働者，アルバイト，(⁹　　　)社員，派遣社員などがある。
社会保険	医療，年金，介護，雇用，(¹⁰　　　　　　　)に関する保険。
労働組合・ユニオン	労働者が団結し，(¹¹　　　　　)の改善をはかるための組織。
労働者を保護する法律	(¹²　　　　)法，最低賃金法，雇用保険法など。

確認 ①

さまざまな学びへの窓口について，次の文章の（　　　）に適する言葉を記入しよう。

　さまざまな事情で高校を中途退学する場合もあるが，(¹　　　　　)高校や(²

　　　)高校に通うことで高校卒業や進学・就職をめざしたり，(³

　　　　　)を受け合格することで進学や就職をめざすこともできる。また，

働きながら学ぶことのできる通信制や(⁴　　　　　　　　)の大学・専門学校，生涯

学び続けたい人のために整備されている(⁵　　　　　　　　　　　)など，

学び直しをする機会は用意されている。

開隆堂 家基 708

**家庭基礎
学習ノート**

解　答

p. 4・5　❶人の一生と生活課題

はじめに

（各自記入）

チェック

¹青年　²高齢　³経済的　⁴性自認　⁵性的指向
⁶性表現　⁷文化　⁸性別役割分業意識　⁹経済
¹⁰政治　　（⁹・¹⁰は順不同）

確認 ❶

¹アイデンティティ　²職業

確認 ❷

(1)—b　(2)—c　(3)—a

確認 ❸

¹リプロダクティブ・ヘルス／ライツ
²ドメスティック・バイオレンス（DV）
³デートDV

考察

（各自記入）

振り返り

¹×　²○

自己評価：（各自記入）

p. 6・7　❷将来を見通しこれからを生きる

はじめに

（各自記入）

チェック

¹進学　²留学　³就職　⁴フリーランス
⁵自営業・起業　⁶昇給　⁷退職金
⁸パートタイム　⁹契約　¹⁰労働者災害（労災）
¹¹労働環境　¹²労働基準

確認 ❶

¹定時制　²通信制　³高等学校卒業程度認定試験
⁴二部（夜間部）　⁵生涯学習推進センター
　　　　（¹・²は順不同）

確認 ❷

(1)—b　(2)—d　(3)—a　(4)—c

確認 ❸

¹同一賃金　²非正規雇用者

考察

（各自記入）

振り返り

¹×　²○

自己評価：（各自記入）

p.10・11　❶自分が拓く人生

はじめに

（各自記入）

チェック

¹生活設計　²家族　³家庭　⁴住居　⁵生計　⁶単身者
⁷核家族　⁸拡大家族　　（⁴・⁵, ⁷・⁸は順不同）

確認 ❶

(1)—a, c　(2)—b, d

確認 ❷

¹社会化（外部化）　²単独　³夫婦のみ

確認 ❸

¹晩婚化　²婚姻率　³出生率　⁴合計特殊出生率

考察

（各自記入）

振り返り

¹○　²×

自己評価：（各自記入）

p.12・13　❷個人・家族と地域・社会

はじめに

（各自記入）

チェック

¹愛情　²親密　³両面　⁴婚姻届　⁵継親子
⁶少人数　⁷複数人　　（¹・²は順不同）

確認 ❶

(1)—d　(2)—e　(3)—a　(4)—b　(5)—c

確認 ❷

¹単独　²ひとり親　³再　⁴外国　⁵同性
　　　（¹・²は順不同）

確認 ❸

¹ケースワーカー　²民生委員　³児童委員
⁴シェルター　　　（²・³は順不同）

考察

（各自記入）

振り返り

¹○　²×

自己評価：（各自記入）

p.14・15　❸家族と法律

はじめに

（各自記入）

¹民法 ²戸籍法 ³法の下の平等
⁴女子差別撤廃条約 ⁵18 ⁶同性婚
⁷同性パートナーシップ制度 　(¹・²は順不同)

確認 **1**

¹両性の合意 ²同等の権利 ³相互の協力
⁴個人の尊厳 ⁵両性の本質的平等

確認 **2**

(1)—e (2)—c (3)—d (4)—b (5)—a

確認 **3**

¹結婚 ²離婚 ³親子 ⁴扶養 ⁵相続

考察

(各自記入)

振り返り

¹○ ²×
自己評価:(各自記入)

---

p.16・17 ❹持続可能な家庭生活

はじめに

(各自記入)

チェック

¹相対的貧困率 ²ジニ係数 ³高い ⁴貧困
⁵健康 ⁶最低限度

確認 **1**

¹公的扶助 ²生活保護 ³児童手当 ⁴児童扶養手当

確認 **2**

(1)—c (2)—d (3)—a (4)—b

確認 **3**

¹年金 ²医療 ³雇用 ⁴労働災害 ⁵介護
　　　　(¹〜⁵は順不同)

考察

(各自記入)

振り返り

¹× ²×
自己評価:(各自記入)

---

p.20・21 ❶子どもの世界

はじめに

(各自記入)

チェック

¹睡眠 ²微笑 ³3 ⁴微笑 ⁵18 ⁶国連 ⁷1994

確認 **1**

¹児童労働 ²10人 ³生活 ⁴愛護 ⁵児童福祉
⁶児童憲章

確認 **2**

(1)—d (2)—a (3)—b (4)—c

考察 **1**

(各自記入)

考察 **2**

(各自記入)

振り返り

¹× ²×
自己評価:(各自記入)

---

p.22・23 ❷育つ子ども(1)

はじめに

(各自記入)

チェック

¹溢乳 ²げっぷ ³把握 ⁴2 ⁵クーイング ⁶3
⁷喃語 ⁸6 ⁹指さし ¹⁰自我 ¹¹自己主張
¹²イヤイヤ

確認 **1**

¹体重 ²運動 ³言語 ⁴21 ⁵10
⁶ポルトマン ⁷早産

確認 **2**

¹8 ²人見知り ³8か月不安 ⁴人間 ⁵アニミズム

確認 **3**

¹E ²D ³B ⁴F ⁵C ⁶A

考察

¹6200 ²59.1 ³59.1 ⁴17.75075 ⁵17.8
⁶普通

振り返り

¹× ²×
自己評価:(各自記入)

---

p.24・25 ❸育つ子ども(2)

はじめに

(各自記入)

チェック

¹社会 ²児童文化財 ³伝承 ⁴日本玩具 ⁵ST

確認 **1**

¹B ²E ³D ⁴F ⁵C ⁶A

[1]健常者 [2]盲導犬 [3]うさぎ
[4]コミュニケーション [5]バリアフリー
[6]日本玩具 [7]ST [8]4000
あなたの感想：（各自記入）

[1]○ [2]×

自己評価：（各自記入）

---

p.26・27 ❹育つ子ども⑶

（各自記入）

[1]食事 [2]睡眠 [3]着脱 [4]公共 [5]社会生活
[6]食べ物 [7]授乳 （[1]・[2]は順不同）

[1]乳汁 [2]体内時計 [3]おすわり [4]離乳食
[5]よだれかけ [6]スプーン [7]うがい [8]フォーク
[9]ボタン [10]箸 [11]10

(1)—a (2)—a (3)—b (4)—b

[1]510 [2]12.4 [3]26.8 [4]55.9 [5]370 [6]6.5
[7]53 [8]9.3 [9]5.5 [10]69 [11]1.7 [12]3.6 [13]7.5
[14]50 [15]0.9 [16]7 [17]1.3 [18]0.7 [19]61 [20]1.1
[21]3.5 [22]7.2 [23]27 [24]0.04 [25]5 [26]0.3 [27]0.4

[1]窒息 [2]窒息
[3]（記入例）やわらかい寝具を使わない。
[4]（記入例）熱い物が入った食器は子どもの手が届くところに置かない。
[5]（記入例）浴槽，洗濯機のふたはしっかり閉めておく。
[6]（記入例）基本的な交通ルールを教える。
[7]（記入例）ベランダに足をかけられるような物を置かない。

[1]× [2]○

自己評価：（各自記入）

---

p.28・29 ❺子どもの育ちを支える⑴

（各自記入）

[1]愛着 [2]ジョン・ボウルビィ [3]2000 [4]体罰
[5]189 [6]児童相談所

(1)—d (2)—c (3)—a (4)—b

[1]19万3780 [2]29 [3]身体 [4]性 [5]心理
[6]面前 [7]17.2 [8]暴力 [9]心理
[A]う [B]あ [C]え [D]い

虐待をなくすためにできること：（各自記入）

[1]× [2]×

自己評価：（各自記入）

---

p.30・31 ❻子どもの育ちを支える⑵

（各自記入）

[1]18 [2]7 [3]育児・介護休業 [4]1 [5]母子保健
[6]母子健康手帳

[1]厚生労働 [2]0 [3]保育士 [4]8 [5]内閣 [6]0
[7]文部科学 [8]3 [9]幼稚園教諭 [10]4

[1]人 [2]社会 [3]環境

（各自記入）

[1]○ [2]×

自己評価：（各自記入）

---

p.34・35 ❶高齢者の尊厳

（各自記入）

[1]介護 [2]高齢者虐待防止法 [3]老老介護
[4]介護離職 [5]認知症 [6]アルツハイマー型

確認 **1**

¹ 高齢期　² 高齢者　³ 個人差

確認 **2**

(1)—d　(2)—c　(3)—e　(4)—a　(5)—b

確認 **3**

¹ 視界　² 目線　³ 口調　⁴ 言葉　⁵ 心身

考察

(各自記入)

振り返り

¹ ○　² ×

自己評価：(各自記入)

---

p.36・37　❷高齢者の生活と福祉

はじめに

(各自記入)

チェック

¹ 就業意欲　² 再就職　³ 起業
⁴ 介護技術（ボディメカニクス）
⁵ 地域包括ケアシステム　　　(²・³ は順不同)

確認 **1**

¹ 人権　² 高齢者福祉　³ 尊厳

確認 **2**

(1)—c　(2)—b　(3)—e　(4)—a　(5)—d

確認 **3**

¹ 住まい　² 医療　³ リハビリテーション　⁴ 保健

考察

(各自記入)

振り返り

¹ ×　² ○

自己評価：(各自記入)

---

p.38・39　❶誰もがその人らしく生活する

はじめに

(各自記入)

チェック

¹ 世代，民族，人種，障がい，ジェンダー
² ノーマライゼーション　³ バリアフリー
⁴ ユニバーサルデザイン

確認 **1**

¹ リスク　² 貯蓄　³ 社会保障制度

確認 **2**

(1)—c　(2)—e　(3)—d　(4)—a　(5)—b

確認 **3**

¹ 社会保障制度　²GDP　³ 年金　⁴ 医療
　　　　　(³・⁴ は順不同)

考察

(各自記入)

振り返り

¹ ○　² ○

自己評価：(各自記入)

---

p.42・43　❶日本の食生活の今

はじめに

(各自記入)

チェック

¹ たんぱく質　² 脂質　³ 炭水化物　⁴ 日本
⁵ 食習慣　⁶ 運動習慣　⁷ 喫煙　⁸ 糖分　⁹ 塩分
¹⁰ 食品　¹¹ アナフィラキシーショック
　　　　(⁵〜⁷, ⁸・⁹ は順不同)

確認 **1**

¹ 孤　² 個　³ 子　⁴ 共食　⁵ 生活時間

確認 **2**

BMI：(各自記入)

¹ 骨粗しょう症　² カルシウム　³ 食事制限

確認 **3**

¹ ×　² ○　³ ×

考察

(各自記入)

振り返り

¹ ×　² ×

自己評価：(各自記入)

---

p.44・45　❷五大栄養素の働きと食品⑴

はじめに

(各自記入)

チェック

¹ たんぱく質　² ビタミン　³ アミノ酸
⁴ 必須アミノ酸

確認 **1**

(1)—a　(2)—a, b　(3)—a, b　(4)—c
(5)—b, c

確認 2
¹ 筋肉　² ホルモン　³ 4　⁴ 60

確認 3
¹ 栄養価　² アミノ酸価　³ たんぱく質の補足効果
⁴ 動物性　⁵ 植物性

考察
（各自記入）

振り返り
¹ ○　² ×
自己評価：（各自記入）

---

p.46・47　❸五大栄養素の働きと食品⑵

はじめに
（各自記入）

チェック
¹ 脂肪　² 脂質　³ 脂肪酸　⁴ 糖質　⁵ 食物繊維
⁶ エネルギー

確認 1
¹ 9　² 単純脂質　³ 複合脂質　⁴ 誘導脂質
⁵ 生活習慣病　⁶ 必須　⁷ DHA　⁸ EPA
　　　　　（⁷・⁸ は順不同）

確認 2
¹ 単糖類　² 4　³ グリコーゲン　⁴ 体脂肪　⁵ 消化
⁶ 便通　⁷ コレステロール　⁸ 血糖値

確認 3
(1)—a, d　(2)—c　(3)—b, e

考察
（各自記入）

振り返り
¹ ○　² ×
自己評価：（各自記入）

---

p.48・49　❹五大栄養素の働きと食品⑶

はじめに
（各自記入）

チェック
¹ 微量栄養素　² 欠乏症状　³ 体液　⁴ 脂溶性
⁵ 水溶性

確認 1
¹ 浸透圧　² 骨や歯　³ 神経　⁴ 筋肉　⁵ 骨や歯
⁶ 貧血　⁷ 味覚障害

確認 2
¹ 脂溶　² 皮膚　³ カルシウム　⁴ 骨粗しょう症
⁵ 脂質　⁶ 水溶　⁷ 脚気　⁸ 代謝　⁹ 代謝　¹⁰ 酸化

確認 3
(1)—c　(2)—d　(3)—e　(4)—f　(5)—g　(6)—a
(7)—b

考察
（各自記入）

振り返り
¹ ×　² ○
自己評価：（各自記入）

---

p.50・51　❺おいしさと安全の科学⑴

はじめに
（各自記入）

チェック
¹ 衛生的　² 消化・吸収　³ 栄養価　⁴ おいしく
⁵ 食中毒　⁶ 増や　⁷ 死滅

確認 1
¹ 重量　² アレルギー　³ 消費　⁴ 賞味

確認 2
¹ イ　² d　³ エ　⁴ c　⁵ ウ　⁶ a　⁷ ア　⁸ b

確認 3
(1)—b　(2)—c　(3)—a　(4)—e　(5)—f　(6)—d

考察
（各自記入）

振り返り
¹ ○　² ○
自己評価：（各自記入）

---

p.52・53　❻おいしさと安全の科学⑵

はじめに
（各自記入）

チェック
¹ 弱火　² 中火　³ 強火　⁴ 昆布　⁵ かつおぶし

確認 1
¹ 短冊切り　² みじん切り　³ ささがき　⁴ 乱切り
⁵ さいの目切り　⁶ 小口切り　⁷ 半月切り
⁸ いちょう切り　⁹ せん切り

確認 2
(1)—b　(2)—c　(3)—d　(4)—e　(5)—a

¹酢 ²酒 ³6 ⁴18 ⁵3 ⁶9 ⁷4 ⁸12 (¹·² は順不同)

考 察

(各自記入)

振り返り

¹× ²○

自己評価：(各自記入)

---

p.54・55　❼料理の組み合わせを考えよう

はじめに

(各自記入)

チェック

¹健康 ²生活習慣病 ³食事摂取基準 ⁴食品群
⁵食品群別摂取量

確 認 1

(各自記入)

確 認 2

①主食 ②主菜 ③副菜 ④汁物

考 察

(各自記入)

振り返り

¹○ ²×

自己評価：(各自記入)

---

p.56・57　❽多様な食文化

はじめに

(各自記入)

チェック

¹ユネスコ無形 ²ご飯 ³汁 ⁴おかず
(³・⁴ は順不同)

確 認 1

¹水 ²高温多湿 ³うま味 ⁴魚介類
⁵郷土料理 ⁶旬

確 認 2

(1)—g (2)—h (3)—f (4)—i (5)—a (6)—b
(7)—c (8)—d (9)—e

考 察

(各自記入)

振り返り

¹× ²○

自己評価：(各自記入)

---

p.58・59　❾持続可能な食生活

はじめに

(解答省略)

チェック

¹DNA ²性質 ³遺伝子 ⁴有効 ⁵総支出
⁶高く ⁷低く 　 (または ⁶低く，⁷高く)

確 認 1

¹73 ²38 ³小麦 ⁴大豆 　 (³・⁴ は順不同)

確 認 2

¹○ ²× ³× ⁴○

確 認 3

¹② ²④ ³③ ⁴①

考 察

(各自記入)

振り返り

¹○ ²×

自己評価：(各自記入)

---

p.62・63　❶人間と被服

はじめに

(各自記入)

チェック

¹衣服 ²被服 ³保健衛生 ⁴社会生活 ⁵変化
⁶反映 ⁷共通

確 認 1

¹既製品 ²輸入品 ³海外 ⁴衰退 ⁵高価

確 認 2

(1)—e (2)—d (3)—c (4)—a (5)—b

確 認 3

¹地理的 ²文化 ³きもの ⁴反物 ⁵着つけ

考 察

(各自記入)

¹感覚 ²自分らしさ ³情報
⁴コミュニケーション ⁵非言語的

振り返り

¹○ ²○

自己評価：(各自記入)

---

p.64・65　❷被服の科学と管理(1)

はじめに

(各自記入)

チェック

¹糸 ²繊維 ³より ⁴たて ⁵よこ ⁶平織
⁷斜文織（綾織） ⁸― ⁹接合 ¹⁰衣服 ¹¹皮膚
（⁴・⁵，⁶・⁷は順不同）

確認❶

¹吸湿 ²洗濯 ³肌着 ⁴綿花 ⁵涼感 ⁶保温
⁷虫害 ⁸光沢 ⁹日光 ¹⁰和服 ¹¹まゆ

確認❷

¹吸湿 ²縮み ³木材パルプ ⁴吸湿性
⁵アルカリ ⁶弾力性 ⁷黄変 ⁸速乾 ⁹静電気
¹⁰保温 ¹¹熱 ¹²伸縮 ¹³石油

確認❸

(1)―d (2)―a (3)―b (4)―c (5)―g
(6)―f (7)―e

考察

（各自記入）
¹合成

振り返り

¹○ ²×
自己評価：（各自記入）

---

p.66・67 ❸被服の科学と管理⑵

はじめに

（各自記入）

チェック

¹水 ²水溶 ³毛 ⁴絹 ⁵用途 ⁶繊維 ⁷適量
⁸有機溶剤 ⁹ドライクリーニング ¹⁰油汚れ
¹¹親水基 ¹²親油基 ¹³浸透作用 ¹⁴着色 ¹⁵回復
¹⁶潤滑油 ¹⁷柔らかい （³・⁴，¹¹・¹²は順不同）

確認❶

¹外観 ²保温 ³吸水 ⁴適切 ⁵ブラシかけ ⁶絹
⁷毛 ⁸虫害 ⁹気密性 ¹⁰湿気 （²・³，⁶・⁷は順不同）

確認❷

(1)―c (2)―b (3)―a

確認❸

¹浸透 ²乳化 ³分散

考察

（各自記入）
¹25～40 ²使用量

振り返り

¹× ²×
自己評価：（各自記入）

---

p.68・69 ❹被服の選択と安全

はじめに

（各自記入）

チェック

¹家庭用品品質表示法 ²取扱い ³日本産業規格
⁴体型区分 ⁵世界共通

確認❶

¹組成 ²洗濯 ³アイロン ⁴性能 ⁵表示記号
⁶連絡先

確認❷

¹40 ²禁止 ³漂白 ⁴つり干し
⁵ドライクリーニング ⁶150

確認❸

¹色 ²形 ³組み合わせ ⁴サイズ ⁵ボタン
⁶返品 ⁷動作 （¹・²は順不同）

確認❹

(1)―c (2)―a (3)―b

考察

（各自記入）

振り返り

¹○ ²○
自己評価：（各自記入）

---

p.70・71 ❺持続可能な衣生活

はじめに

（各自記入）

チェック

¹安価（低価格） ²使い捨て ³短期 ⁴増加
⁵適正 ⁶継続的 ⁷弱い ⁸自立 ⁹持続可能
¹⁰17 ¹¹2030 ¹²つかう

確認❶

(1)―c (2)―a (3)―d (4)―b

確認❷

¹必要性 ²再資源化 ³補修 ⁴情報収集
⁵再検討

考察

（各自記入）
¹逃がす ²重ね着

振り返り

¹○ ²×
自己評価：（各自記入）

p.74・75　❶人間と住まい

はじめに

（各自記入）

チェック

^{1} 世帯数　^{2} 固定資産税　^{3} 働き場所　^{4} 健康
^{5} 文化的　^{6} 2DK　^{7} 豊か　^{8} ライフステージ
^{9} 3LDK　^{10} 配置　^{11} 大きさ　^{12} 動線
^{13} 平面表示記号　　（^{10}・^{11} は順不同）

確認❶

^{1} 引き戸　^{2} スペース　^{3} 軽くて　^{4} 開放性　^{5} 白い
^{6} 照明効果

確認❷

(1)―b　(2)―d　(3)―e　(4)―c　(5)―a

確認❸

^{1} 転倒　^{2} 車いす　^{3} 段差　^{4} 手すり　^{5} 近居
^{6} 減築

考察

（各自記入）

振り返り

^{1} ○　^{2} ×

自己評価：（各自記入）

p.76・77　❷健康で快適，安全な住まい

はじめに

（各自記入）

チェック

^{1} 脱衣所　^{2} 風呂場　^{3} 高齢者　^{4} 温度　^{5} 表面温度
^{6} 体感温度　^{7} すだれ　^{8} 樹木　^{9} シックハウス症候群
^{10} 化学物質　^{11} 結露　^{12} 対面　^{13} 暖められた
^{14} 冷たい　　（^{1}・^{2}，^{7}・^{8} は順不同）

確認❶

^{1} 通風　^{2} 日陰　^{3} 保水性　^{4} 蒸発　^{5} 打ち水

確認❷

(1)―d　(2)―b　(3)―c　(4)―a　(5)―e

確認❸

^{1} 個人差　^{2} 夜　^{3} 遮音　^{4} 防音　^{5} エンジン音
^{6} 吸音　　（^{3}・^{4} は順不同）

考察

（各自記入）

振り返り

^{1} ×　^{2} ○

自己評価：（各自記入）

p.78・79　❸自然現象から命を守る

はじめに

（各自記入）

チェック

^{1} 洪水　^{2} 津波　^{3} 土砂災害　^{4} 火山　^{5} 道路
^{6} スマートフォン　^{7} 耐震壁　^{8} 筋かい
^{9} 制震（制振）装置　^{10} ゴム　^{11} ダンパー
^{12} 防災計画　^{13} 予防　^{14} 応急対策　^{15} 復旧
^{16} 財政金融措置
　　　（^{1}～^{5}，^{7}・^{8}，^{10}・^{11}，^{13}～^{15} は順不同）

確認❶

^{1} 長雨　^{2} 集中豪雨　^{3} 雨水　^{4} 地震　^{5} 地下水
^{6} 広範囲　　（^{1}・^{2} は順不同）

確認❷

(1)―d　(2)―a　(3)―e　(4)―c　(5)―b

確認❸

^{1} 市町村　^{2} 緊急的に避難　^{3} 種類
^{4} 一時的に滞在

考察

（各自記入）

振り返り

^{1} ○　^{2} ×

自己評価：（各自記入）

p.80・81　❹持続可能な住生活

はじめに

（各自記入）

チェック

^{1} 購入　^{2} 1,700 万円　^{3} シャッター　^{4} 公共交通
^{5} 景観　^{6} 高さ　^{7} 色彩　^{8} 歴史的な　^{9} 保存
　　　（^{6}・^{7} は順不同）

確認❶

^{1} 解体　^{2} 老朽化以外　^{3} 中古　^{4} 新築

確認❷

(1)―c　(2)―b　(3)―a　(4)―d

確認❸

^{1} 用途の混在　^{2} インフラ　^{3} 大資本　^{4} 再開発

考察

（各自記入）

振り返り

^{1} ×　^{2} ○

自己評価：（各自記入）

p.84・85　❶収入と支出

はじめに

（各自記入）

チェック

¹ 働いて　² 財産　³ 年金　⁴ 社会保障
⁵ 消費支出　⁶ 生活費　⁷ 地方　⁸ 公的機関
⁹ 購入　¹⁰ 光熱　¹¹ 被服　¹² 交通　¹³ 教育
（³・⁴ は順不同）

確認1

¹ 直接　² 社会保険　³ 義務　⁴ 国　⁵ 地方自治体
⁶ 事業者　⁷ 可処分所得

確認2

(1)―c, d　(2)―b, e　(3)―a, f

確認3

¹ 10　² 食料　³ 教育　⁴ 16

考察

（各自記入）

振り返り

¹ ○　² ×

自己評価：（各自記入）

---

p.86・87　❷貯蓄と負債

はじめに

（各自記入）

チェック

¹ 貯蓄　² リスク　³ 年齢層　⁴ 期間　⁵ 利率
⁶ 得る　⁷ ローン　⁸ 目的別　⁹ 消費者　¹⁰ 高い

確認1

¹ 定期　² 利子　³ 債券　⁴ 投資　⁵ 上がり　⁶ 暴落

確認2

(1)―c　(2)―b　(3)―f　(4)―a　(5)―d　(6)―e

確認3

¹ 保証人　² 返済義務　³ 連帯保証人　⁴ 4
⁵ 自己破産

考察

（各自記入）

振り返り

¹ ×　² ○

自己評価：（各自記入）

---

p.88・89　❸世界とつながる家計

はじめに

（各自記入）

チェック

¹ 国境　² お金　³ グローバル化　⁴ 消費
⁵ 単一化　⁶ 経済活動　⁷ 国際化　⁸ 雇用　⁹ 外国
¹⁰ 商品　¹¹ 株式　¹² 投資　¹³ 支出　¹⁴ 貯蓄
¹⁵ マネジメント

確認1

¹ 労働力　² モノ　³ 購入　⁴ 税金　⁵ 年金
⁶ 金融機関　⁷ 保険　⁸ 配当金　⁹ サービス

確認2

(1)―a　(2)―b　(3)―b　(4)―b

確認3

¹ 金融市場　² 貸し出す　³ 90　⁴ 金融商品
⁵ 資産形成

考察

（各自記入）

振り返り

¹ ○　² ×

自己評価：（各自記入）

---

p.92・93　❶消費生活の現状

はじめに

（各自記入）

チェック

¹ 事業者　² 被害　³ 可能性　⁴ 消費者　⁵ 商取引
⁶ 違法　⁷ 不当　⁸ 悪質商法　⁹ 摘発　¹⁰ 証券
¹¹ 参入　¹² 手数料　¹³ 販売　¹⁴ 金融のしくみ
¹⁵ 情報量　¹⁶ ハイリスク　¹⁷ 不利　¹⁸ 損害

確認1

¹ 森永ヒ素ミルク　² 安全性　³ 催眠　⁴ 悪質商法
⁵ 多重債務　⁶ 豊田商事　⁷ インターネット

確認2

(1)―b　(2)―a　(3)―c　(4)―e　(5)―d

確認3

¹ 自覚　² リスク　³ 訓練　⁴ 情報　⁵ 可能性

考察

（各自記入）

振り返り

¹ ○　² ×

自己評価：（各自記入）

p.94・95　❷消費社会の落とし穴

はじめに

（各自記入）

チェック

1 能力　2 悪質商法　3 デマ　4 ウイルス　5 権利
6 情報漏洩　7 他人　8 同意　9 契約　10 消費者
11 事業者　12 原理　13 ルール　14 担保
15 繰り返し　16 利息　17 雪だるま

確認1

1 合意　2 口約束　3 契約　4 売買　5 賃貸借
6 雇用　7 特性

確認2

(1)—a, c, d, e　(2)—b, f

確認3

1 販売会社　2 三者間　3 ボーナス　4 分割
5 手数料　6 利便性　7 ポイント　8 サービス

考察

（各自記入）

振り返り

1 ○　2 ×

自己評価：（各自記入）

---

p.96・97　❸行動する消費者

はじめに

（各自記入）

チェック

1 事業者　2 消費者政策　3 消費者保護基本法
4 2004　5 権利の尊重　6 自立の支援　7 一元化
8 消費者庁　9 監視　10 消費者委員会
11 消費生活センター　12 安全　13 情報
14 自己決定　15 意見　16 補償　17 消費者教育
18 健全な環境　　　　（5・6は順不同）

確認1

1 CI　2 消費者基本　3 批判的　4 参加　5 配慮
6 環境　7 団結

確認2

(1)—b　(2)—a　(3)—d　(4)—c

確認3

1 2012　2 社会の形成　3 権利と責任
4 消費者市民社会

考察

（各自記入）

振り返り

1 ×　2 ○

自己評価：（各自記入）

---

p.100・101　❶持続可能なライフスタイルと環境

はじめに

（各自記入）

チェック

1 持続可能　2 天然資源　3 食料　4 廃棄物
5 大幅削減　6 公共調達　7 ライフスタイル
8 人権侵害　9 低賃金労働　10 誠実　11 応援
12 生産者　13 温暖化　14 2度未満　15 ゼロ

確認1

1 生活資源　2 気候変動　3 洪水　4 水資源
5 富める　6 貧困者　7 格差　8 環境破壊

確認2

(1)—e　(2)—d　(3)—c　(4)—b　(5)—a

確認3

1 産業部門　2 企業　3 循環型社会形成推進　4 5
5 電化製品　6 電気使用量　7 エネルギー

考察

（各自記入）

振り返り

1 ×　2 ○

自己評価：（各自記入）

---

p.104・105　❶リアルな課題で生活設計

はじめに

（各自記入）

考察1

（各自記入）

考察2

（各自記入）

考察3

（各自記入）

確認3

（各自記入）

考察4

（各自記入）

振り返り

（各自記入）

家庭基礎学習ノート

解　答

開 隆 堂 出 版 株 式 会 社

〒113-8608　東京都文京区向丘 1-13-1　　BD

確認 2

非正規労働者について，関係の深いものを線で結んでみよう。

(1) パートタイム労働者　・　　　　　　・a 派遣元事業者から派遣された者。雇い主とは別
　　　　　　　　　　　　　　　　　　　　　の会社で働く人。

(2) 契約社員　　　　　　・　　　　　　・b 限られた時間に働く人。

(3) 派遣社員　　　　　　・　　　　　　・c やむをえず非正規労働者になる人。

(4) 不本意非正規雇用　　　　　　　　　・d フルタイム勤務で，雇用期間を定めて働く人。
　　労働者　　　　　　　・

確認 3

生涯賃金（しょうがいちんぎん）とその課題について，次の文章の（　　　）に適する言葉を記入しよう。

　年功序列型の賃金体系であった日本は，正規雇用で，学歴の高い方が賃金が高い傾向が
あったが，近年ではうすれつつある。国際労働機構（ILO）では，同一価値労働（¹
　　　　）が基本的人権の一つとしてあげられている。日本でも，この観点から（²
　　　　）の給与や手当などの処遇改善（しょぐうかいぜん）に取り組むことが課題となっている。

考　察

**女性はライフコースの違いによって，なぜ次のグラフのような結果になるのだろう
か。理由を考えてみよう。**

女性のライフコースの違いによる賃金比較

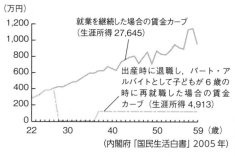

（万円）

就業を継続した場合の賃金カーブ
（生涯所得 27,645）

出産時に退職し，パート・ア
ルバイトとして子どもが 6 歳の
時に再就職した場合の賃金
カーブ（生涯所得 4,913）

22　30　　40　　50　　59（歳）

（内閣府「国民生活白書」2005 年）

振り返り　次の文章が正しければ○を，誤っていれば×を記入しよう。

・女性が結婚や出産後に仕事を辞（や）めても，生涯賃金に大きな差が生じることは少ない。

　　　　　　　　　　　　　　　　　　　　　　　　　… (¹　　　)

・労働に関する相談窓口を利用することは，自分を守ることだけでなく，職場全体の
　労働環境の改善につながることもある。… (²　　　)

【自己評価】

・これからの進路や働き方について理解できたか。… （ A・B・C ）

❶自分が拓（ひら）く人生

学習の
ねらい　・生活設計と家族・家庭を理解する。

memo

はじめに

あなたは，自分の人生について思いめぐらすとき，どんなことを
頭に浮かべるだろうか。

> 将来の自分の生活を想像してみよう。

チェック　**重要語句をまとめよう。**

Check

生活資源	生活を営む上で必要なものをいう。金銭的・物的資源は，(¹　　　) の際に重要となる。家族や個人の人間関係や目に見えない時間を，人的資源，時間的資源としてとらえる考え方もある。
家族・家庭	(²　　　) とは，一般に結婚や血縁などのつながりのある人びとやその集団をさす。その範囲は個人によって異なる。(³　　　) とは，共に暮らす人びととの生活の場をさす。
世　帯	(⁴　　　) と (⁵　　　) を共にする人びとの集まり，または一戸を構えて住んでいる (⁶　　　　　)。
親　族（しんぞく）	血縁や結婚で結ばれた人びと，またはその集団。親族世帯は (⁷　　　) 世帯と (⁸　　　　　) 世帯に分類されている。

確認 ❶

次の世帯について，関係の深いものを線で結んでみよう。

(1) 核家族世帯　・
　　　　　　　　　　　　　　　　・ a 夫婦のみ

　　　　　　　　　　　　　　　　・ b 夫婦と両親

　　　　　　　　　　　　　　　　・ c ひとり親と未婚の子

(2) 拡大家族世帯　・
　　　　　　　　　　　　　　　　・ d 夫婦と子どもと両親

確認 2

家庭の機能の社会化について，次の文章の（　　　）に適する言葉を記入しよう。

　近年は，家庭の機能が家庭の外で提供される家庭の機能の（¹　　　　　　　　　）現象が進んでいる。この進行は，単身生活をしやすい状況を生み出すとともに，それにともなう仕事を生み出している。

　また家庭の機能の社会化は，世帯規模の縮小につながっており，現在では，世帯人員1人の（²　　　　）世帯と（³　　　　　　）の世帯が増加し，拡大家族世帯は減少している。

確認 3

結婚や子どもをもつことをめぐる社会の変化について，次の文章の（　　　）に適する言葉を記入しよう。

　近年，結婚に関する考え方や環境が多様化しており，（¹　　　　　　）と（²　　　　　　）の低下が進んでいる。また子どもの（³　　　　　　）をみると，2018年の出生数は91.8万人で，（⁴　　　　　　　　　　）は，1.42であり，少子化が進んでいる。この要因として，子育てにかかる費用の増大，住宅問題，労働環境問題，子どもをもつことへの価値観の変化など，さまざまな理由が考えられている。

考　察

次のグラフを見て，近年，生涯未婚率が上昇している理由を考えてみよう。

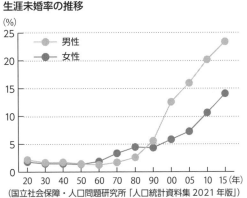

生涯未婚率の推移
（国立社会保障・人口問題研究所「人口統計資料集2021年版」）

振り返り　次の文章が正しければ○を，誤っていれば×を記入しよう。

・誰を家族とみなすかは個人によって異なり，個人の「家族」の概念と行政や法律の「家族」の概念とは必ずしも一致しない。…（¹　　　）

・現在進んでいる日本の晩婚化や婚姻率の低下の理由に，社会的な要因は関係ない。
　　　　　　　　　　　　　　　　　　　　　　　　　　　　…（²　　　）

【自己評価】

・生活設計と家族・家庭について理解できたか。…（ A・B・C ）

❷個人・家族と地域・社会

_____年_____組_____番　　　　_____月_____日

名前

はじめに

家族・家庭や地域の行事や生活のなかで，あなたはどんなことが気になっているだろうか。

> 高校生になって家族と過ごす時間は減っている？

チェック　**重要語句をまとめよう。**

Check

家族関係	家族関係は，(¹　　　　)性，(²　　　　)性，友愛性など暖かい情緒的な関係で語られることが多い。しかし，親密であるがために対立や葛藤，憎しみの感情がでてくることもある。家族関係を (³　　　　) から理解しておくことが大切である。
事実婚	(⁴　　　　　　　) を出さない結婚で，事実上のパートナー関係のこと。
ステップ・ファミリー	血縁関係のない (⁵　　　　　　) 関係を含む家族のこと。
グループ・ホーム	特定の目的で比較的 (⁶　　　　　　) が一般の住宅で暮らす施設。
シェアハウス	一つの住居で (⁷　　　　　　) が暮らす住居形態。

確認 ❶

家族関係を考える視点について，関係の深いものを線で結んでみよう。

(1) 平等性　・　　　　　・a 平等性・自立性を前提に，家庭内のことを共に担う。

(2) 自立性　・　　　　　・b 家族のことを家庭内に閉じこめず，地域の人びとと協力・共同関係をつくる。

(3) 共同性　・　　　　　・c 家族相互のコミュニケーションをはかり，互いに安らぎの場にする。

(4) 開放性　・　　　　　・d 夫婦，親子の間で人権・人格が尊重されている。

(5) 情緒性　・　　　　　・e 夫婦・親子は相互に，依存と自立の両輪関係にある。

確認 2

さまざまな家族・家庭について，次の文章の（　　）に適する言葉を記入しよう。

　現在の日本では，(¹　　　　　) 世帯，(²　　　　　　　　) 世帯，事実婚，(³　　　　) 婚，ステップ・ファミリー，(⁴　　　　) につながりをもつ家族，(⁵　　　　　) カップル，グループ・ホーム，シェアハウスを選ぶ人など，さまざまな家族・家庭の中で暮らす人がいる。

確認 3

多様な地域の機関について，次の文章の（　　）に適する言葉を記入しよう。

　地域には，福祉事務所や児童相談所などの (¹　　　　　　　　　　　　　　) や，地域住民の(²　　　　　　　)・(³　　　　　　　　　) に相談すると，相談先につながる行政のしくみがある。親の虐待から子どもを一時的に保護する施設や，配偶者の暴力などから一時的に避難できる (⁴　　　　　　　　　) を運営する自治体もある。

考　察

次の資料は，家族に関する問題に対処するための団体や機関・主な相談先と相談内容です。他国に比べ，日本ではこのような機関を利用する人が少ないといいます。その理由を考えてみよう。

家族に関する問題に対処するための
団体や機関・主な相談先と相談内容

団体や機関・主な相談先	相談内容
家庭裁判所	相談に訪れた人の抱えている問題を解決するために，家庭裁判所の手続きを利用できるかどうか，利用できる場合にはどのような申立てをすればよいかなどについて案内をする。
児童相談所	保護者の病気などで子どもを育てられない場合や，虐待など子どもの人権にかかわる問題があるときに対応する。18歳未満の子どもに関する相談であれば，本人，家族，学校の先生，そして地域の人も相談できる。
婦人相談所・配偶者暴力相談支援センター・男女共同参画センターなど	配偶者からの暴力など。地域によっては，被害者が緊急一時避難できるシェルターがある。
地域包括支援センター	地域住民の保健・福祉・医療の向上，虐待防止など。介護疲れなどの電話相談も行う。
福祉事務所	お金がない。
ハローワーク	親が失業した。
子育て支援センター・保健センターなど	子育てが不安。
市町村役場	ひとり親家庭で大変。

振り返り　次の文章が正しければ○を，誤っていれば×を記入しよう。

・現在の日本では，さまざまな家族・家庭で暮らす人が増加している。…(¹　　　)

・家族に何か問題が生じたとき，すべて家族の中で解決するべきである。…(²　　　)

【自己評価】

・個人・家族と地域・社会の関係について理解できたか。…（ A ・ B ・ C ）

❸家族と法律

| 学習の
ねらい | ・家族・家庭生活に関する法律を理解する。 |

memo

はじめに

あなたは，結婚，離婚，親子，相続などの家族にかかわる法律で，どのようなことに関心があるだろうか。

> 家族にかかわる法律って，たくさんあるんだね。

チェック　重要語句をまとめよう。

Check

民 法	家族・親族・扶養・相続などに関する決まりであり，個人の家族・家庭生活のあり方を大枠で規制している法律である。人びとの生活や社会の状況に合わない法律であれば，改正されることもある。(^{1}　　　)と(^{2}　　　)を総称して，家族法という場合もある。
家族法の 部分的な改正	国際的な人権意識の高まりから，家族に関する法律が部分的に改正されてきている。「非嫡出子相続分差別」については，憲法第14条の「(^{3}　　　)」に反するとした判決を受け，撤廃された。夫婦同氏については，(^{4}　　　　　　　　)に基づき設置された委員会から差別的な規定であると懸念が表明され，議論が続いている。満20歳から(^{5}　　)歳への成年年齢の引き下げは，2022年から施行された。
同性婚	世界的には同性カップルの結婚を承認する動きが高まっている。日本でも(^{6}　　　)を承認しないことは，幸福追求権や法の下の平等を保障する憲法に違反するという見解も示され始めている。自治体レベルでは(^{7}　　　　　　　　)という条例を制定して，同性のカップル関係を保護する自治体もある。

確認 1

日本国憲法第24条について，次の文章の（　　）に適する言葉を記入しよう。

1．婚姻は，(^{1}　　　　　　　　)のみに基いて成立し，夫婦が(^{2}　　　　　　　)を有することを基本として，(^{3}　　　　　　　)により，維持されなければならない。

2．配偶者の選択，財産権，相続，住居の選定，離婚並びに婚姻及び家族に関するその他の事項に関しては，法律は(^{4}　　　　　　　)と(^{5}　　　　　　　　　　　)に立脚して，制定されなければならない。

確認 2

次の親族は何親等にあたるか，線を結んでみよう。

(1) 配偶者 ・　　　　　・a　4親等

(2) きょうだい ・　　　　　・b　3親等

(3) 父母 ・　　　　　・c　2親等

(4) 甥・姪 ・　　　　　・d　1親等

(5) いとこ ・　　　　　・e　0親等

確認 3

家族の法律について，次の文章の（　　　）に適する言葉を記入しよう。

　家族に関する法律には，婚姻届や夫婦の氏などについて定めた（¹　　　）に関する法律，離婚の訴えやその後の協議について定めた（²　　　）に関する法律，親権などについて定めた（³　　　）関係に関する法律，扶養の義務について定めた（⁴　　　）に関する法律，法定相続や遺言について定められた（⁵　　　）に関する法律などがある。

考　察

次の資料を見てみよう。あなたは夫婦同姓や選択的夫婦別姓にどのような意見をもっていますか。理由も考えてみよう。

選択的夫婦別姓に関する意識調査

婚姻をする以上，夫婦は必ず同じ名字（姓）を名乗るべきであり，現在の法律を改める必要はない	夫婦が婚姻前の名字（姓）を名乗ることを希望している場合には，夫婦がそれぞれ婚姻前の名字（姓）を名乗ることができるように法律を改めてもかまわない	夫婦が婚姻前の名字（姓）を名乗ることを希望していても，夫婦は必ず同じ名字（姓）を名乗るべきだが，婚姻によって名字（姓）を改めた人が婚姻前の名字（姓）を通称としてどこでも使えるように法律を改めることについては，かまわない

わからない

（当該者数）
総数(2,952人)　29.3　｜　42.5　｜　24.4　｜3.8
(%)

男性1,396人　女性1,556人
（平成29年12月内閣府調査）

振り返り　次の文章が正しければ○を，誤っていれば×を記入しよう。

・戸主に家庭生活における全ての権限があった明治民法の「家制度」の反省から，個人の尊重と両性の平等を保障する憲法24条が制定された。…（¹　　　）

・2021年現在，日本において同性同士による法律婚は認められている。…（²　　　）

【自己評価】

・家族・家庭に関する法律について理解できたか。…（　A・B・C　）

❹持続可能な家庭生活

_____年_____組_____番　　　　_____月 _____日

名前

memo

はじめに

**これから，一人暮らしを始めることもある。そんな中，経済的に
生活が困難になったとき，あなたはどうするだろうか。**

> 相談できる機関
> はあるのかなあ。

チェック　**重要語句をまとめよう。** *Check*

相対的貧困率	全世帯の所得の実態をつかむ考え方に，中央値という考えを使った (^{1}　　　　　　　　　) がある。他にローレンツ曲線を使って所得の分配の平等の度合いをみる (^{2}　　　　　　) がある。世界と比べて日本の相対的貧困率は (^{3}　　　) 方である。
SDGs	(^{4}　　　) の克服と，(^{5}　　　) な生活と福祉をかかげ，一家庭や自国のみならず全世界で貧困を克服していくことを課題としている。
社会保障制度	生活困窮（せいかつこんきゅう）に陥った者に対しては国家扶助によって (^{6}　　　　　　) の生活を保障し，すべての国民が文化的社会の成員たるに値する生活を営むことができるようにすることを理念とする制度。

確認 ❶

社会扶助（しゃかいふじょ）の説明について，次の文章の（　　　）に適する言葉を記入しよう。

　社会扶助〔(^{1}　　　　　　)〕には，生活に困窮している世帯への金銭給付を行う (^{2}
　　　　)，中学校卒業までの子どもを育てる父母等に支給される (^{3}　　　　　　)，ひとり親へ支給される (^{4}　　　　　　)，寡婦（寡夫）控除などひとり親世帯への支援，特別児童扶養手当や障害児福祉手当など障がい児への支援などがある。

確認 2

次の用語について，適切な内容の文を線で結んでみよう。

(1) 社会保険 ・ ・a 生活の困窮者に最低限度の公的な経済的支援を行う。

(2) 社会福祉 ・ ・b 人びとの健康維持のために，予防・衛生等の対策を行政が
行う。

(3) 公的扶助 ・ ・c けが，失業，老齢などによる生活の困難に備える。

(4) 公衆衛生 ・ ・d 高齢者，児童，障がい者，母子などに対する保護や支援
サービスを行う。

確認 3

社会保険の説明について，次の文章の（　　）に適する言葉を記入しよう。

社会保険とは，生活する中で起きるかもしれないリスクにそなえて，皆でお金を出し合い，リスク等にであった時に保険から給付を受け負担を少なくする制度である。

（¹　　　），（²　　　），（³　　　），（⁴　　　　　），（⁵　　　）の5つがある。

考　察

次の資料を見てみよう。このような結果であることを，生活の中で実感することはありますか。

世界の主な国の相対的貧困率とジニ係数

相対的貧困率	％	ジニ係数	
アメリカ	17.8	中国	0.51
メキシコ	16.7	インド	0.50
日本	15.7	ブラジル	0.47
イタリア	14.4	メキシコ	0.46
カナダ	14.2	アメリカ	0.39
韓国	13.8	イギリス	0.36
オーストラリア	12.8	日本	0.33
イギリス	11.1	カナダ	0.32
ドイツ	10.1	OECD 平均	0.32
ベルギー	9.8	韓国	0.30
スウェーデン	9.1	フランス	0.30
オランダ	8.3	ドイツ	0.29
フランス	8.1	スウェーデン	0.28
フィンランド	5.8	デンマーク	0.26
デンマーク	5.5	フィンランド	0.26

（相対的貧困率は「データブック国際労働比較2019」，
ジニ係数は「OECD Family Database」より作成）

振り返り　次の文章が正しければ○を，誤っていれば×を記入しよう。

・日本社会の格差は小さく，相対的貧困率は世界の中では低い方である。…（¹　　　）

・非正規雇用者やパート労働者は，業務中にけがをしても労働者災害補償制度を利用
することができない。…（²　　　）

【自己評価】

・家庭生活と経済の安定について理解できたか。…（ A・B・C ）

❶子どもの世界

____年____組_____番　　　　　　　____月____日

名前

学習の
ねらい
・子どもの人を引き寄せる力・育とうとする力について理解する。
・現代の子どもを取り巻く問題や権利について理解する。

memo

はじめに

身近な子どもの言葉や行動で，または，自分が幼いころのことで，面白いと思ったり感動したりしたことはないだろうか。

> 妹が小さいときに，空想上の友だちの話をしていて面白かったな。

チェック　重要語句をまとめよう。

Check

生理的微笑	出生まもないころ，(¹　　　) 時に笑っているように見えるなど，外界の刺激と関係なく生じる (²　　　) をいい，人を引き寄せる力がある。
社会的微笑	生後 (³　　　) か月ころ，不安や不快などで泣いたときに，あやしてもらったり世話をしてもらって機嫌がよくなると，人に対して (⁴　　　) を向ける。子どもは育とうとする力を宿している。
子どもの権利条約	(⁵　　　) 歳未満のすべての人の保護と基本的人権の尊重を促進することを目的として1989年に (⁶　　　) 総会で採択された。日本は (⁷　　　) 年に批准した。

確認 １

子どもを取り巻く問題について，次の文章の（　　　）に適する言葉を記入しよう。

世界には (¹　　　) によって権利を脅かされている子どもが，約1億5200万人いる。子どもの (²　　　) に1人が児童労働をしているといわれている。

日本では，すべての子どもが (³　　　) を保障され (⁴　　　) されることなどをめざして，1947年に (⁵　　　) 法が制定され，その精神を示した (⁶　　　) が1951年に制定された。

確認 ２

「子どもの権利条約」の４つの権利について，関係の深いものを線で結んでみよう。

(1) 生きる権利　・　　　　・a 医療や教育，生活への支援などを受け友だちと遊ぶ。

(2) 育つ権利　　・　　　　・b 暴力や有害な労働などから守られる。

(3) 守られる権利・　　　　・c 自由に意見を表したり，団体をつくったりできる。

(4) 参加する権利・　　　　・d 全ての子どもの生命が守られる。

考察 1

次の3枚の写真を比べて，赤ちゃんの顔にはどんな特徴があると思いますか。

考察 2

子どもの気持ちを想像して，次の漫画の4コマ目に入る言葉を書いてみよう。

子ども

おねえちゃん

振り返り　次の文章が正しければ○を，誤っていれば×を記入しよう。

・世界の子どもの20人に1人が児童労働をしている。…（¹　　　）

・子どもの権利条約は1989年に日本で採択された。…（²　　　）

【自己評価】

・子どもの人を引き寄せる力・育とうとする力や，現代の子どもを取り巻く問題や権
利について理解できたか。…（　A・B・C　）

❷ 育つ子ども(1)

＿＿＿年＿＿＿組＿＿＿＿＿番　　　　　＿＿＿月＿＿＿日

名前

**学習の
ねらい**
・幼児の心身の発達の特徴について理解する。
・乳幼児の発達には順序があることを理解し, 発達の目安を捉える。

memo

はじめに

あなたは, 育つ側と育てる側がどんな関係だったらいいと思いますか。

> 愛と厳しさ, 両方は必要かな。

チェック　重要語句をまとめよう。

Check

溢乳（いつにゅう）	乳児の胃は筒状で, 胃底の形成も不完全。食道に繋がる噴門の括約筋も未発達のため, 飲んだ乳汁が戻りやすい。これを (1　　　　) という。養育者は窒息を防ぐため授乳後, 必ず (2　　　　) をさせて仰向けに寝かせる。2〜3歳で釣鐘型になり, 10〜12歳で成人と同じ形状になる。
運動機能の発達	手, 指に触れたものをにぎることを (3　　　) 反射という。身を守るための原始反射の一つ。
言葉の発達	生後 (4　　) か月ころまで「快」のときに発する「あー」などの穏やかな声を (5　　　　　) といい, 生後 (6　　) か月ころからみられる「ブー」などの発声を (7　　　) という。生後 (8　　) か月ころから始まる指を使った意思表示を (9　　　　　) という。
イヤイヤ期	(10　　　　) が芽生えて, (11　　　　　　) するようになることを第一反抗期または (12　　　　　) 期という。

確認 ❶

身体の発達について, 次の文章の (　　　) に適する言葉を記入しよう。

　発育とは身長が伸び, (1　　　　) が増えるなど量的に変化することである。また, 発達とは身体的・(2　　　) 機能や (3　　　) 機能が高まるなど質的に変化することである。

　人が自立した生活を送るには, 約 (4　　　) か月の胎内生活が必要だが, 約 (5　　　) か月で生まれてくる。このことをスイスの動物学者 (6　　　　　　　) は生理的 (7　　　　) と呼んだ。人は未成熟なまま生まれてくるため, 他の動物より, 養育者に長く依存する特性がある。

確認 2

社会性の発達について，次の文章の（　　）に適する言葉を記入しよう。

生後6〜（¹　　）か月ごろに，見知らぬ人を拒否したり不安を示すことを（²

　　　），または（³　　　　　　　）という。これは子どもが知っている人と知らない人

を区別するようになったという社会性の発達を示している。

また，すべてのものを（⁴　　　）と同じように行動すると考えることを（⁵

　　　）という。

確認 3

運動機能の一つである姿勢発達の順序を正しく並べてみよう。

あおむけ⇨（¹　　）⇨（²　　）⇨（³　　）⇨（⁴　　）⇨（⁵　　）⇨（⁶　　）⇨走る

A 一人で歩く

B 座る（お座り）

C つかまり立ち

D 寝返る（寝返り）

E 首がすわる

F 這う（はいはい）

考 察

発育状況を知る目安の一つにカウプ指数がある。計算して判定してみよう。

◆生後4か月女児	◆カウプ指数＝ $\dfrac{体重（g）}{身長（cm）^2} \times 10$
身長 59.1 ㎝　体重 6.2 ㎏	
※体重をgに直して計算する。	◆判定表（乳児用）

$$\frac{(^1\qquad\qquad)}{(^2\qquad) \times (^3\qquad\qquad)} \times 10$$

$$= (^4\qquad\qquad)$$

カウプ指数（⁵　　　　）

判　定　（⁶　　　　）

	14.5	16.0	18.0	20.0	
痩せ過ぎ	痩せ気味		普通	太り気味	太り過ぎ

※カウプ指数は生後3か月〜5歳まで。

年齢で判定表は異なる。

振り返り　次の文章が正しければ○を，誤っていれば×を記入しよう。

・子どもの身体の発達には，末端部から中心部へというように順序がある。…（¹　　　）

・乳幼児の発育状況を目安となるのは，ローレル指数である。…（²　　　）

【自己評価】

・子どもの心身の発達の特徴について理解できたか。…（ A・B・C ）

❸育つ子ども（2）

____年____組_____番　　　　____月____日

名前

memo

はじめに

子どものころ，どんなことをして遊んでいたか，どんな遊びが好きだったか書き出してみよう。

> 外での遊び，室内での遊びなどを思い出してみよう。

チェック　重要語句をまとめよう。　*Check*

遊 び	遊びは自発的な活動で，自主性，(¹　　　)性，運動，言語などの諸機能の発達につながる。玩具，遊具，絵本，紙芝居，人形劇，音楽，映画などを (²　　　　　) という。鬼ごっこ，かごめかごめ，あやとり，こま回し，竹馬，ゴムとび，缶けり，お手玉，おはじき，ビー玉，水鉄砲，しゃぼん玉，けん玉など，おとなから子どもへと受け継がれてきた遊びを (³　　) 遊びという。
STマーク	丈夫で安全なおもちゃを選ぶには (⁴　　　　　) 協会が制定した「おもちゃの安全基準」に合格した玩具に表示される (⁵　　) マークを目安にするとよい。

確認 1

教科書 p.52 ① 遊びの種類を参考に，表中の（　　　）に適する遊びや玩具を語群から選び記号で記入しよう。

遊びの種類	遊びや玩具
身体の機能遊び	手足を動かす，這う，立つ，歩く
感覚遊び	(¹　　)，モビール，オルゴール，おしゃぶり，水遊び，泥遊び
交流遊び	(²　　)，たかいたかい，追いかけっこ
見立て・つもり遊び	砂をプリンに見立てる，お母さんのつもり
運動遊び	(³　　)，鉄棒，自転車，すべり台，ブランコ，ボール投げ，縄跳び
構成遊び	(⁴　　)，積み木，泥だんご，砂山・トンネル，折り紙，パズル
ごっこ遊び	お店屋さんごっこ，(⁵　　)，ままごと
ルール遊び	(⁶　　)，猫とねずみ，トランプ，だるまさんがころんだ

語群　A．すごろく　B．ガラガラ　C．電車ごっこ　D．三輪車　E．いないいないばあ　F．ブロック

考　察

おもちゃに関する記事を読んで，要約しよう。

新聞記事「おもちゃのバリアフリー化　障害者も遊び楽しく」(河北新報 2021 年 3 月 17 日朝刊)

　おもちゃの商品パッケージにかわいらしい盲導犬やウサギの顔が描かれているのを見たことがありますか。これらは健常者も障害者もいっしょに楽しめる「共遊玩具」であることを示すマーク。1980年にメーカーのトミー (現タカラトミー) が始め，90 年に業界全体に広がった取り組みです。

盲導犬マーク　　うさぎマーク

　盲導犬として働くラブラドールレトリバーのマークは視覚障害者，うさぎのマークは聴覚障害者でも遊べる商品につけられています。普通の商品とのちがいは，スイッチを探しやすいように突起をつけたり，スイッチが入ったことが分かるように振動させたりといった工夫をしていることです。

　業界団体である日本玩具協会 (*) の専門部会が，目や耳の不自由な人が実際に使えるか，表現が適切かなどをチェックします。現在認定されている商品は 4000 点以上あります。

　最初に考えたタカラトミー (東京都葛飾区) は「トミカ」「プラレール」などでおなじみの老舗メーカー。障害者が遊べるおもちゃが少ないという声を受け，1980 年から障害者専用のおもちゃを開発，製造しましたが，コストもかかる上に，あまり売れませんでした。そこで「ふつうのおもちゃにちょっとした工夫をすればいいのでは」と方針を変えて成功しました。

　同社の開発担当で，自身も視覚障害者である高橋玲子さんは「健常者と障害者が同じおもちゃで遊ぶことができ，そこにコミュニケーションが生まれ，仲良くなれます」と言います。同社は共遊玩具への理解を深めてもらおうと，本社のある葛飾区内の小学校で「出前授業」を行っています。

　日本玩具協会は，商品カタログを作成して盲学校や福祉施設を回るとともに，東京おもちゃショーなどで展示ブースを設けてアピール。2000 年以降，各メーカーの新入社員向けにセミナーを開いたり，すぐれたおもちゃを選ぶ「日本おもちゃ大賞」に共遊玩具部門を創設したりと，普及に力を注いできました。

＊日本玩具協会　おもちゃメーカーによって 1967 年に設立された。おもちゃを「子どもの五感に光を当て，智(ち)と心を育む良い友達」と位置づけ，東京おもちゃショーや共遊玩具，安全基準を定めた「STマーク」などの事業に取り組む。タカラトミー会長の富山幹太郎氏が会長を務める。

　共遊玩具とは，(1 　　　　　　　) と障がい者が一緒に楽しめるおもちゃのこと。1980 年に玩具メーカーのタカラ (現タカラトミー) が始め，90 年に業界全体に広がった。

　(2 　　　　　) マークは目の不自由な人とも遊べる商品に付けられ，(3 　　　　　) マークは耳の不自由な人とも遊べる商品に付けられる。

　同社の開発担当で，視覚障がい者の高橋さんは，「健常者と障害者が同じおもちゃで遊ぶことで (4 　　　　　　　　　) が生まれ，仲良くなれる。」という。これはおもちゃの (5 　　　　　　　) 化といえる。共遊玩具を認定しているのは 1967 年に設立された (6 　　　　　) 協会で，安全基準を定めた (7 　　　) マークなどの事業にも取り組んでいる。現在認定されている商品は (8 　　　　　) 点以上ある。

あなたの感想を書きなさい。

振り返り　次の文章が正しければ○，誤っていれば×を記入しよう。

・遊びは，自主性，社会性，運動，言語などの諸機能の発達につながる。… (1 　　　)
・日本玩具協会の安全基準に合格した玩具には，SGマークが表示される。… (2 　　　)

【自己評価】

・子どもの発達における遊びの意義，よい玩具の条件や遊びの種類について理解できたか。… (A・B・C)

❹育つ子ども(3)

_____年_____組_____番　　　　_____月_____日

名前

学習の
ねらい
・基本的生活習慣や社会的生活習慣の重要性について理解する。
・子どもの健康と安全について理解する。

memo

はじめに

だれに教えてもらってできるようになったのかな？

箸を使って食事ができるようになったのは，何歳ぐらいだろうか。

チェック　重要語句をまとめよう。

Check

基本的生活習慣	子どもの生活で，生理的に不可欠なものは (¹　　　)，排泄，(²　　　)，清潔，衣服の (³　　　) の5つで，これを基本的生活習慣という。
社会的生活習慣	挨拶や (⁴　　　) の場でのきまりを守るなど，(⁵　　　　　) や対人関係で必要な生活習慣を社会的生活習慣という。
離　乳	生後6か月ころから，おすわりができるようになり (⁶　　　　) に興味が出てくるため (⁷　　　) 中心から，離乳食に移行していく。

確認 ❶

教科書p.54〜55の表を見て，次の(　　　)に適する言葉を語群から選んで記入しよう。

	乳児期		幼児期			
食事	ほとんどの栄養は (¹　　) から摂取。授乳は養育者とのコミュニケーションの場でもある。	(³　　　) ができるようになり食べ物に興味が出てきたころ (⁴　　　) が始まる。	上手に飲み込めるようになり，食べられる食品の種類が増えてくると1日の離乳食の回数が2回，3回と増えてくる。	上手に (⁶　　　) や箸が持てないころは手づかみで食べる時もある。	スプーン，(⁸　　　) を使って一人で食べようとする。	手指の細かい動きができるようになると (¹⁰　　) も使えるようになる。
	なめらかにすりつぶした状態⇒舌でつぶせる固さ⇒歯ぐきでかめる固さ⇒離乳食完了					
排泄	排便は1日2〜6回。排尿は15〜20回。お尻が汚れると泣き，機嫌が悪くなる。	養育者はおむつを替えるときに，便の状態から健康状態を把握するようにする。	排泄後に「ウンチ」「オシッコ」など，養育者に教えるようになる。		おむつがはずれ，パンツになり排泄前に予告できるようになる。	一人で排尿，次に排便ができるようになる。
衣服の着脱	汚れたら新しい衣服に着替えさせてもらう。	舌やあごの動きが活発になると唾液量が増え，拭いてもらったり (⁵　　　) をつけてもらう。	着脱に意欲的。一人で着ようとする。	靴を自分で履こうとし，(⁹　　　) かけを自分でやろうとする。後に一人でできるようになる。	順序よく着脱しようとする。脱いだ服を所定場所に置いたりできる。後に自分で着脱し気候や活動に合わせ服を調節する。	
睡眠	生後しばらくは昼夜関係なく眠る。(²　　　) が完成すると1日24時間のリズムに慣れる。	養育者に寝かしつけてもらう。	午睡は午前1回，午後1回の2回になる。		午後1回，または午睡しない生活になり，夜の睡眠が (¹¹　　) 時間くらいになる。	
清潔	身体の清潔を喜ぶ。	次第に養育者と同じ浴槽に入り体を清潔にしてもらう。	手洗い，(⁷　　　) をする。	自分で顔を洗い，髪をとかす。鼻をかむ。	一人で歯を磨く。	

語群：うがい，10，箸，ボタン，スプーン，おすわり，離乳食，体内時計，乳汁，フォーク，よだれかけ

確認 ②

教科書p.55の予防接種の説明を見て関係するものを線で結んでみよう。

(1) 四種混合　　　・　　　　　・a 定期接種

(2) はしか　　　　・

(3) おたふくかぜ　・　　　　　・b 任意接種

(4) インフルエンザ・

考察 ①

乳児用調製粉乳と人乳の栄養を比べてみよう。

①乳児用調整粉乳の栄養成分（100gあたり）を調べよう。

エネルギー(kcal)	たんぱく質 (g)	脂質 (g)	炭水化物 (g)	カルシウム (mg)	鉄 (mg)	ビタミンC(mg)	ビタミンD (μg)	ビタミンE (mg)
1	2	3	4	5	6	7	8	9

　★できあがり量100mLあたりの栄養成分を計算し，人乳と比較しよう。
　　（できあがり量100mL＝湯100mL＋粉乳13.5g）

エネルギー(kcal)	たんぱく質(g)	脂質 (g)	炭水化物 (g)	カルシウム(mg)	鉄 (mg)	ビタミンC(mg)	ビタミンD (μg)	ビタミンE(mg)
10	11	12	13	14	15	16	17	18

②人乳の栄養成分（100gあたり）を食品成分表で調べよう。

エネルギー(kcal)	たんぱく質(g)	脂質 (g)	炭水化物 (g)	カルシウム(mg)	鉄 (mg)	ビタミンC(mg)	ビタミンD (μg)	ビタミンE(mg)
19	20	21	22	23	24	25	26	27

考察 ②

教科書p.55の「考えてみよう」を参照して，子どもの安全について考えよう。

(1) 子どもの不慮の事故死の原因として最も比率が高いものを答えよう。

　　・0歳児…（¹　　　　　）　　　・1〜4歳児（²　　　　　）

(2) 次の事故を防ぐために周囲のおとなたちが気をつけるべきことを挙げてみよう。

誤飲や窒息	3
やけど	4
溺水	5
交通事故	6
転落	7

振り返り　次の文章が正しければ○，誤っていれば×を記入しよう。

・食事，排泄，睡眠，清潔，衣服の着脱など生きるために必要な習慣を社会的習慣という。

　　　　　　　　　　　　　　　　　　　　　　　　　…（¹　　　）

・授乳は栄養摂取だけでなく，大切なコミュニケーションでもある。…（²　　　）

【自己評価】・基本的・社会的生活習慣と安全の重要性を理解できたか。…（ A・B・C ）

27

❺ 子どもの育ちを支える⑴

_____年_____組_____番　　　_____月_____日

名前

**学習の
ねらい**
・養育者も子どもと共に成長していくことを理解する。
・児童虐待を取り巻く問題について理解する。

memo

はじめに

教科書p.58の6歳未満の子どものいる夫婦の家事・育児時間の国
際比較を参考にして，日本の夫の育児時間が短い理由を考えよう。

> 自分が妻の立場ならどうだろう？

チェック　重要語句をまとめよう。

Check

愛着	(¹　　　　) とは，「特定の他者に "くっつく" こと」をいう。英国の精神科医 (²　　　　　　　　　　　) が提唱した理論である。子どもの「見つめる」，「泣く」，「ほほえむ」，「抱きつく」などの働きかけに対して養育者が，その都度，あやしたり，世話をすることによって親密な関係が形成される。この関係は子どもに安心を与え，心身の健全な発達に，重要な役割を果たす。
児童虐待防止法	児童に対する虐待の防止，早期発見，被害児童の保護を目的とした法律。(³　　　　) 年に制定。虐待を発見したとき，虐待が疑われるとき，国民は児童相談所や警察に通告する義務がある。2019年に改正され (⁴　　　　　) が禁止された。
全国共通ダイヤル	児童虐待についての相談は，全国どこからでも (⁵　　　　) にかけると，近くの (⁶　　　　　　　) につながる。「いちはやく」と覚える。

確認 1

次の語句について，関係の深いものを線で結んでみよう。

(1) 愛着 ・
(2) 189 ・
(3) 人見知り ・
(4) 児童福祉法 ・

・a 8か月不安ともいう。見知らぬ人に不安や抵抗を示す。愛着行動の一つ。
・b 児童とは0歳から18歳未満までをさす。
・c 児童相談所の全国共通ダイヤル「いちはやく」と覚える。
・d 養育者と子どもの親密な関係。情緒的な絆。英国の精神科医ジョン・ボウルビィが提唱した理論。

考　察

次の新聞記事を読み，空欄1～9に適する言葉を記入しよう。また，空欄A～Dには語群から類型に合う説明を選び，記号で答えよう。

児童虐待　最多19万3780件−19年度「面前DV」目立つ（河北新報 2020年11月19日朝刊）

　全国の児童相談所が2019年度に児童虐待として対応した全体の件数が19万3780件（速報値，前年度比21.2％増）に上ったことが18日，厚生労働省のまとめで分かった。1990年度の統計開始以来29年連続で最多を更新した。前年度からの増加数も3万3942件で過去最多だった。

　件数は東北各県でも軒並み増加。青森が1620件（207件増），岩手1427件（249件増），宮城1238件（344件増），秋田588件（124件増），山形760件（347件増），福島は2024件（475件増）だった。

　厚労省によると，身体，ネグレクト（育児放棄），性的，心理的の虐待4類型のうち，最多は心理的虐待で10万9118件。全体の56.3％だった。

　情報の経路は，警察の通告による対応が年々増え，19年度は9万6473件。全体の49.8％で10年前の15倍近くになった。心理的虐待に分類される，子どもの前で家族に暴力をふるう「面前DV（ドメスティックバイオレンス）」の警察からの通告増加が目立つ。

　類型別で件数と全体での割合を見ると，最多の心理的虐待に続くのは，身体的虐待で4万9240件（25.4％），次いでネグレクト3万3345件（17.2％），性的虐待2077件（1.1％）。経路別で警察の次に多いのは，近隣知人の2万5285件（13.0％）。続いて家族親戚1万5789件（8.2％），学校1万3856件（7.2％）となった。

　虐待対応件数は例年は夏に公表しているが，今年は新型コロナウイルス禍の影響で集計が遅れた。一方，厚労省は今年，例年にはない月次集計の速報値を6月分まで出しているが，新たに7月分は1万6556件（前年同月比6％減）と公表。全同月比で4月は7％増，5月は2％減，6月は10％増で，同省は「原因分析には至らないが，注視する」としている。

虐待の件数（¹　　　）件で（²　　　）年連続で最多を更新		
虐待の類型	割　合	虐待の行為
（³　　　）的虐待	25.4％	（ᴬ　　　）
ネグレクト（育児放棄）	（⁷　　　）％	（ᴮ　　　）
（⁴　　　）的虐待	1.1％	（ᶜ　　　）
（⁵　　　）的虐待	56.3％	（ᴰ　　　）
（⁶　　　）DV	−	子どもの前で家族に（⁸　　　）を振るうこと。（⁹　　　）的虐待に分類される。

行為の語群
あ　子どもに食事を与えない，着替えや入浴をさせないなど，著しく世話を怠る。
い　著しく子どもの心を傷つける言葉を言う。
う　子どもの身体に外傷が生じる，または生じるおそれのある暴行を加えること
え　子どもにわいせつな行為をする，させること。

虐待をなくすためにできることは何だと思いますか。

振り返り　次の文章が正しければ○，誤っていれば×を記入しよう。

・児童福祉法における児童とは0歳から6歳未満までと定めている。…（¹　　　）
・子どもの前で家族に暴力を振るうことをデートDVという。…（²　　　）

【自己評価】
・養育者の役割や児童虐待を取り巻く問題を理解できたか。…（ A・B・C ）

memo

❻子どもの育ちを支える(2)

| 学習の ねらい | ・社会全体で子育てを支援するため，子育ての環境を整備する重要性を理解する。
・子育てを支える福祉や子どもに関する社会保障について理解する。 |

_____年_____組_____番　　　_____月_____日

名前

memo

はじめに

子どもの育ちを支えるしくみにはどんなものがあるだろうか？

> 児童手当もその一つだね。

チェック　重要語句をまとめよう。

Check

子どもの貧困	子どもの貧困率とは全世帯の中央値の半分以下の所得で暮らす (¹　　　) 歳未満の子どもの割合。2018 年は約 (²　　　) 人に一人が貧困状態である。
育児休業制度	(³　　　　　　　　　) 法に基づき，父，母の両方が，子どもが (⁴　　) 歳になる前日まで取得でき，子どもが最長 2 歳になるまで，会社を休んだり給付金がもらえる制度。
母子健康手帳	1965 年に制定された (⁵　　　　　　　) 法に基づき，医師の診断を受け妊娠届を市区町村に提出すると (⁶　　　　　　　　　) が交付される。妊娠の経過や出生後の成長の記録，予防接種の記録を記載する。最近はアプリもつくられている。

確認 1

教科書p.64 1 を見て，(　　　　)に適する言葉や数字を記入しよう。

		保育所	認定こども園	幼稚園
所　管		(¹　　　　　)省	(⁵　　　)府 厚生労働省，文部科学省	(⁷　　　　　)省
対　象		保育を必要とする乳幼児	保護者の希望による・ 保育を必要とする乳幼児	保護者の希望による
年　齢		(²　　)歳〜就学前まで	(⁶　　)歳〜就学前まで	(⁸　　)歳〜就学前まで
保育者		(³　　　　　　)	保育教諭・保育士・ 幼稚園教諭	(⁹　　　　　　)
利用時間		原則 (⁴　　)時間	4 時間・8 時間	標準 (¹⁰　　)時間

次は 1951 年に制定された児童憲章の前文である。（　　　　）中の正しいと思うほうを○で囲みなさい。

・児童は，(¹ 人　・　国民　) として尊ばれる。

・児童は，(² 国民　・　社会　) の一員として重んぜられる。

・児童は，よい (³ 環境　・　世界　) の中で育てられる。

次の新聞記事を読んで，なぜ日本は子どもを生み育てづらいのか，あなたの考えを書いてみよう。

日本「子ども生み育てづらい」6割　欧州3カ国と国際調査 (朝日新聞 2021 年 6 月 12 日)

日本と欧州3カ国で「子どもを生み育てやすい国と思うか」と質問したところ，日本は「育てづらい」との回答が6割を超え，他国より圧倒的に高い割合だったことが内閣府の国際調査でわかった。育児は妻が中心に担うとの回答も日本はほかの3カ国を上回った。

国際調査は5年に1回，少子化対策に役立てるため，内閣府が行っている。今回は昨年10月〜今年1月に日本，フランス，ドイツ，スウェーデンの各国で20〜49歳の男女を対象に実施した。日本では1400人近くから，欧州3カ国では約1千人から回答を得た。

「子どもを生み育てやすい国と思うか」との問いに対し，日本では「そう思わない」が61.1％を占め，フランスの17.6％，ドイツの22.8％，スウェーデンの2.1％と比べても，ずば抜けて多かった。

小学校入学前の子どもの育児について「主に妻が行うが，夫も手伝う」との回答は，日本がおよそ半数の49.9％。フランスの25.7％，ドイツの31.4％，スウェーデンの4.3％よりも多かった。

一方，不妊治療が受けやすいかを問うと，日本は「そう思わない」が44.6％。ほかの3カ国は10.0〜16.6％で，日本の受けにくさが鮮明になった。受けにくい理由を問うと，日本では全体の9割が治療費の重い負担を挙げた。

■少子化の国際調査 (抜粋)

● 「子どもを生み育てやすい国と思うか」との質問に「そう思わない」と答えた割合
日本	61.1％
フランス	17.6％
スウェーデン	2.1％

● 小学校入学前の育児での夫と妻の役割について「主に妻が行うが，夫も手伝う」と答えた割合
日本	49.9％
フランス	25.7％
スウェーデン	4.3％

● 恋愛に対する考え方 (複数回答) を尋ね，「相手からアプローチがあれば考える」を選んだ割合
日本	40.4％
フランス	10.4％
スウェーデン	25.5％

● 「恋愛は面倒だと感じる」を選んだ割合
日本	19.4％
フランス	1.5％
スウェーデン	14.4％

あなたの考え

　次の文章が正しければ○，誤っていれば×を記入しよう。

・親の就労など，入所の条件を満たしているのに，保育所に空きがないなどの理由で入所できない児童のことを待機児童という。　　　　　　　　　　…(¹　　　)

・児童福祉法に基づき，妊娠届を市区町村に提出すると母子健康手帳が交付される。
　　　　　　　　　　　　　　　　　　　　　　　　　　　　　　　　　…(²　　　)

【自己評価】

・子育てを支える福祉や子どもに関する社会保障について理解できたか。
　　　　　　　　　　　　　　　　　　　　　　　　　　　　…（ A・B・C ）

❶高齢者の尊厳

```
____年____組_____番　　　　____月____日

名前
```

memo

はじめに

加齢に伴う機能低下が日常生活にどのように影響するだろうか。住まいや外出時など，具体的に考えてみよう。

> 身近な高齢者を思い出してみよう。

チェック　**重要語句をまとめよう。**

Check

高齢者虐待防止法	人生が長期化し，社会の高齢化が進むなかで，(^{1}　　　　　）を必要とする高齢者が増加している。(^{2}　　　　　　　　　　　）は，高齢者の尊厳を保ち，虐待の早期発見・対応や，介護者のサポートを目的に，2006 年に施行された。
老老介護	(^{3}　　　　　　　）とは，介護する側も高齢者である介護のことをさす。また，(^{4}　　　　　　）とは，介護のために仕事を辞めることで，施設での人手不足なども含め，介護をとりまく深刻な状況が，高齢者虐待につながることが懸念されている。
認知症	脳の神経細胞の機能低下や死滅によって，認知機能が低下し，日常生活に 6 か月以上支障をきたす病気を（^{5}　　　　　）という。認知症にはアルツハイマー型認知症や脳血管性認知症などがあり，約 7 割が脳内に β アミロイドが蓄積し，脳萎縮することで起こる（^{6}　　　　　）認知症である。

確認 **1**

多様な高齢者・高齢期について，次の文章の（　　　）に適する言葉を記入しよう。

高校生にとって（^{1}　　　　　）は遠い先のことであり，興味をもちにくいかもしれない。しかし，人は突然（^{2}　　　　　）になるのではなく，高齢期や死は誰にもやってくる。年を重ねることで心身ともに変化していくが，変化の程度はさまざまであり，（^{3}　　　　　）が大きい。

確認 2

高齢者に多く見られる病気について，関係の深いものを線で結んでみよう。

(1) 高血圧症　　　　・　　　　・a 心臓のポンプ機能が低下して血液を十分に送り出せなくなる。

(2) 白内障　　　　　・　　　　・b 脳の異常のため手足が震える等体の動きが困難になる。

(3) 骨粗しょう症　　・　　　　・c 目のレンズの役割をしている水晶体が白く濁る。

(4) 心不全　　　　　・　　　　・d 血圧が正常値よりも常に高い。

(5) パーキンソン病・　　　　　・e 骨のカルシウムが血液中に溶け出し骨がスカスカになる。

確認 3

認知症の人とのつきあい方について，次の文章の(　　　)に適する言葉を記入しよう。

　認知症の人でも，基本的につきあい方に特別なことはない。相手の (¹　　　) に入ってから，同じ (²　　　) でやさしく，かつはっきりとした (³　　　) で話しかける。急がせることなく，相手の (⁴　　　) に耳を傾け，反応を見ながら会話をする。一方で，介護は (⁵　　　) の負担が大きいので，家庭や施設での介護を担う人のケアも大切である。

考　察

教科書 p.73 の参考「注文を間違える料理店」を読んで，高校生として高齢者と接するときに，どんなことに気をつけていく必要があるか考えてみよう。

振り返り　次の文章が正しければ○を，誤っていれば×を記入しよう。

・高齢期には心身ともに機能の変化が起きる。…（¹　　　）

・もの忘れは老化に伴うものであり，このことを認知症という。…（²　　　）

【自己評価】

・高齢者・高齢期の特徴，介護や認知症について理解できたか。…（ Ａ・Ｂ・Ｃ ）

❷ 高齢者の生活と福祉

_____年_____組_____番　　_____月_____日

名前

| 学習の ねらい | ・高齢者の生活の特徴を知り，理解を深める。
・高齢者に関わる福祉について知り，理解を深める。 |

memo

はじめに

今，高校生が高齢になったとき，年金はもらえなくなるという人も
いる。本当だろうか。納めた年金保険料はどのように運営されてい
るのだろうか。

年金がもらえな
かったら，生活
はどうなるの？

チェック　重要語句をまとめよう。

Check

高齢者の就業	60歳以上の約8割が高い (¹　　　　　　) をもっている。国は，国内の 労働力人口を確保するために，高齢者の (²　　　　　) や (³　　　) を支 援し労働力を増やす計画を実施しており，サービス業等で起業する高齢 者も増えている。
介護技術	介護する側にもされる側にも，負担の少ない (⁴　　　　　　　　　　　) や福祉用具を用いて行いたい。ボディメカニクスに は，対象者に近づく，対象者を水平に動かす，てこの原理を応用する， また介護する側とされる側が動作する時に息を合わせる等さまざまな基 本条件がある。
地域包括ケア システム	地域の実情に応じて，高齢者が，可能な限り，住み慣れた地域でその有 する能力に応じ自立した日常生活を営むことができるよう，医療，介護， 介護予防，住まい及び自立した日常生活の支援が包括的に確保される体 制のことを (⁵　　　　　　　　　　　　　) という。

確認 1

高齢者福祉について，次の文章の（　　　）に適する言葉を記入しよう。

　多くの人が高齢まで生き，人生の先輩として他の世代にも影響を与えていく。高齢者の
尊厳と (¹　　　　) が守られ，人間としてふさわしい生活を送れることをめざすのが (²
　　　　　) である。一部の高齢者を弱者として保護するという目的から，現在は，
全ての高齢者が (³　　　　) を保持して生活を継続できるように発展してきている。

確認 2

高齢者の生活や福祉について，最も関係の深いものを線で結んでみよう。

(1) 老人福祉法　　　　　・　　　　　・a サービスを受けるときは1〜3割を自己負担。

(2) 高齢者医療確保法　　・　　　　　・b 高齢者の保健医療サービスに関する内容を規定。

(3) 介護保険法　　　　　・　　　　　・c 高齢者全体に対するサービスの内容を規定。

(4) 介護保険制度　　　　・　　　　　・d ケアプランなどを作成する介護支援専門員のこと。

(5) ケアマネージャー　　・　　　　　・e 高齢者の介護に関するサービス内容を規定。

確認 3

地域包括ケアシステムがめざすことについて，次の(　　　)に適する言葉を記入しよう。

地域包括ケアシステムは，次の5つの要素で構成されている。

　①高齢者のニーズに応じた (^{1}　　　　　　)

　②多様な生活支援や高齢者が地域で活躍できる場

　③(^{2}　　　　)・看護

　④介護・(^{3}　　　　　　　　　　　)

　⑤(^{4}　　　　)・福祉

考　察

次の図を見て，退職後の年金受給についてどう感じたか書いてみよう。今からできることはあるだろうか。

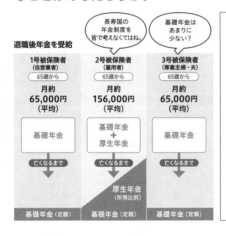

振り返り　**次の文章が正しければ○を，誤っていれば×を記入しよう。**

・60歳以上で高い就業意欲をもっている人は全体の約2割程度である。…(^{1}　　　)

・高齢者に適切にかかわるためには，介助の基本を学んでおくとよい。…(^{2}　　　)

【自己評価】

・高齢者の生活と福祉について理解できたか。…（ A ・ B ・ C ）

❶誰もがその人らしく生活する

____年____組____番　　　　____月____日

名前

memo

はじめに

誰もが普通に生きるとは，どんなことだと思うだろうか。

> 「普通」にできていることって，何だろう。

チェック　重要語句をまとめよう。

> Check

共生社会	"人間は一人では生きられず，支え合って生きる"ということは，人間の生活の基本である。それは，それぞれが(¹　　　　　　　　　　　) など，各々異なる属性の人を人間の多様性として理解し，お互いの人権を尊重することを生き方の根底に据えることである。共生社会とは，それを実現・継続する制度があり，充実させる社会をいう。
ノーマライゼーション	高齢者や障がい者などを施設に隔離せず，健常者と一緒に，助け合いながら暮らしているのが正常な社会のあり方であるとする考え方のことを(²　　　　　　　　　　) という。
バリアフリーとユニバーサルデザイン	(³　　　　　　　　　) とは，高齢者や障がい者の日常生活に妨げとなる障がい (バリア) を取り除くことをいう。例として，道や床の段差をなくしたり，階段のかわりにゆるやかな坂道をつくるなどがあげられる。(⁴　　　　　　　　　　　) とは，全ての人が快適に利用できるように製品や建造物，生活空間などをデザインすることである。アメリカのドナルド・メイスが提唱した。

確認 ❶

「リスクに対処する」について，次の文章の(　　　　)に適する言葉を記入しよう。

　(¹　　　　　　　) とは，予想がつきにくい負のできごとや危機のことをいう。注意していても病気になる，事故にあうなどは個人的なリスクという。個人のリスクには，(²　　　) や私的保険に加入するなどにより準備をしている人もいる。共同のリスクには地域で防災訓練や防犯見回りなどの活動が自主的に行われている。国や地方自治体は，(³
　　　) の充実や実行，法律の整備によりリスクに備える役割がある。このように，個人・家族・地域・行政にはそれぞれの役割がある。

確認 2

次に示す語句について，最も関係の深いものを線で結んでみよう。

(1) NPO ・ ・a 各社会保険加入者の仲間で支え合うこと。

(2) NGO ・ ・b 国や地方自治体が支援を行うこと。

(3) 互助 ・ ・c 民間非営利組織あるいは団体。

(4) 共助 ・ ・d 住民相互の仲間で支え合うこと。

(5) 公助 ・ ・e 非政府組織であり，国際協力に携わる組織。

確認 3

日本の社会保障制度の課題について，次の文章の（　　）に適する言葉を記入しよう。

日本は，これまで(^{1}　　　　　　　　　　)の体系を充実させてきているが，他の先進国に比べると(^{2}　　　　)に対する社会保障費の占める割合は低い。さらに，高齢化の進展により社会保障支出の多くが(^{3}　　　)と(^{4}　　　)の給付に費やされ，その他の給付は著しく少ないというアンバランスを招いている。

考　察

次の絵を見て感じたことを書いてみよう。また平等とは，公正とはどういうことか，言葉にしてみよう。

(出所) Interaction Institute for Social Change：Artist：Angus Maguire

---

振り返り　次の文章が正しければ○を，誤っていれば×を記入しよう。

・"人間は一人では生きられず，支え合って生きる"ということは人間生活の基本である。… (^{1}　　　)

・SDGsの17の目標は，みんなつながっていて，世界中のあらゆる問題に対応できるようになっている。… (^{2}　　　)

【自己評価】

・共生社会を生き，誰もが普通に生活することについて理解できたか。… （ A・B・C ）

❶日本の食生活の今

____ 年 ____ 組 _____ 番　　　　　　____月 ____日

名前

**学習の
ねらい**
・どのように食べ，どのように暮らしているか，自分の事を振り返ることができる。

memo

はじめに

自分の食事の摂りかたで最近，気になることはどんなことだろう。

> 夕食は1人で食べることが多くなった。

（記入欄）

チェック　重要語句をまとめよう。

Check

PFCバランス	食事におけるP 〔(¹　　　　　　)〕，F 〔(²　　　　)〕，C 〔(³　　　　　　)〕の割合を示したものをPFCバランスという。米，野菜，大豆，魚などを組み合わせて食べる (⁴　　　) 型の食事はPFCバランスがよいとされる。
生活習慣病	(⁵　　　　　　)，(⁶　　　　　　)，(⁷　　　) などの生活習慣が，発症や進行にかかわる疾患群のことを生活習慣病という。なかでも (⁸　　　) や (⁹　　　) の摂り過ぎは肥満や高血圧，糖尿病など多くの生活習慣病のもととなる。
食物アレルギー	特定の (¹⁰　　　) を食べて，皮膚や喉がかゆくなったり，湿疹が出たりすることを食物アレルギーという。意識障害や血圧低下など命にかかわる状態の (¹¹　　　　　　　　　　　) を引き起こし，死亡する場合もある。

確認 **1**

"こ"食について，（　　　）に適する言葉を記入しよう。

(¹　　　) 食	(²　　　) 食	(³　　　) 食
一人で食事をする。	それぞれが違うものを食べる。	子どもたちだけで食べる。

　家族や仲間，地域の人たちと同じ食卓を囲み，共に食べる (⁴　　　) が減った背景には，おとなと子どもの (⁵　　　　　) のずれ，家族の希薄な人間関係，個々の好みを尊重する考え方などさまざまな原因があげられる。

確認 2

教科書p.89の参考をみて，BMI（体格指数）を計算してみよう。

自分のBMIを計算してみよう。　BMI＝（　　　　　　　　）

次の文章の（　　　）に適する言葉を記入しよう。

・やせすぎは，将来，(¹　　　　　　　　　　　　)などにつながる危険性がある。その予防に

は骨量を高める大切な時期に，(²　　　　　　　　　　　)などの十分な栄養を摂取する必要が

ある。

・やせるために極端な(³　　　　　　　　)をして健康を損なうことがないように気をつけたい。

確認 3

食物アレルギーについて正しいものには○，誤っているものには×をつけよう。

(¹　　)食物アレルギーの発症割合は高校生より小・中学生の方が低い。

(²　　)加工食品には食品表示法でアレルギー表示が義務付けられている。

(³　　)食物アレルギーの発症頻度が高い卵，あじ，大豆などを特定原材料という。

考 察

下のグラフは朝食の欠食がはじまる時期を調べたデータである。中・高校生時代か
ら朝食の欠食が増え，年齢別にみると，20代が特に多く約30％の人が欠食である。
その理由について考えてみよう。

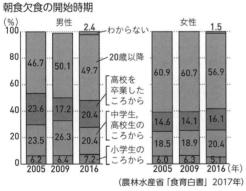

朝食欠食の開始時期
（農林水産省「食育白書」2017年）

振り返り　次の文章が正しければ○を，誤っていれば×を記入しよう。

・最近は炭水化物の摂取比率が高くなっており，PFCバランスはアメリカと似てきている。

…(¹　　　)

・加工食品へのアレルギー表示は義務ではない。…(²　　　)

【自己評価】

・どのように食べ，どのように暮らしているか，自分の食事を振り返ることができた
か。…(A・B・C)

❷五大栄養素の働きと食品（1）

学習の
ねらい
・五大栄養素について理解する。
・たんぱく質の働きについて理解する。

memo

はじめに

たんぱく質を多く含む食品を思い出そう。

たんぱく質を摂るために，あなたはどのような食品を食べていますか。

チェック　**重要語句をまとめよう。**

Check

五大栄養素	(¹　　　　　　　　　），脂質，炭水化物（糖質）を三大栄養素といい，それらに（²　　　　　　　），無機質を加えたものを，五大栄養素という。
たんぱく質	たんぱく質は約 20 種類の（³　　　　　　　）からできている。体内でつくることのできない 9 種類のアミノ酸を（⁴　　　　　　　　　）といい，食事から摂る必要がある。

確認 1

五大栄養素とその主な働きについて，関係の深いものを線で結んでみよう。

(1)　炭水化物　・

・ a エネルギーをつくる

(2)　脂　質　・

(3)　たんぱく質　・

・ b 体をつくる成分になる

(4)　ビタミン　・

(5)　無機質　・

・ c 体の調子を整える

確認 2

たんぱく質の働きについて，次の文章の（　　　）に適する言葉を記入しよう。

たんぱく質の役割は，（¹　　　　）や血液など全ての細胞や組織をつくるほか，酵素や（²　　　　），抗体などの材料になること，さらにエネルギー源〔1gあたり約（³　　　　）kcal〕にもなることである。体内でたんぱく質は，一定期間で合成と分解を繰り返しているので，毎日，食事から約（⁴　　　　）gを摂る必要がある。

確認 3

たんぱく質の摂り方について，次の文章の（　　　）に適する言葉を記入しよう。

体内でのたんぱく質の合成は必須アミノ酸のどれか1つ欠けても行われないので，これをバランスよく含む食品を摂る。たんぱく質の（¹　　　　　）は，必須アミノ酸の種類と量によってきまる（²　　　　　　）で表される。しかし，アミノ酸価が低い食品でも良質の食品といっしょに摂ることで，栄養価を高めることができる。これを（³　　　　　　）という。一般に，必要なたんぱく質量は，肉類，魚介類などの（⁴　　　　）食品，大豆・大豆製品などの（⁵　　　　）食品を半々で摂るとよいといわれている。

考　察

なぜ次の例がたんぱく質の補足効果になるのか，〈アミノ酸価の求め方〉を使用しながら説明してみよう。

食パン
アミノ酸価 51

＋

牛乳
100

＝ アミノ酸価
100

〈アミノ酸価の求め方〉

①アミノ酸評点パターンとは，体内でのたんぱく質合成に理想的な必須アミノ酸組成の基準量である。

②食品のアミノ酸含量と，アミノ酸評点パターンを比較して，基準値より少ないアミノ酸を選ぶ。このアミノ酸を制限アミノ酸という。制限アミノ酸が複数あるとき不足率が最も高い制限アミノ酸を第一制限アミノ酸という。

③この制限アミノ酸または第一制限アミノ酸の，アミノ酸評点パターンに対する割合がアミノ酸価となる。

精白米の場合，第一制限アミノ酸はリシンなので，
アミノ酸価＝ 36/45 ×100＝80

アミノ酸評点パターン (mg/gたんぱく質)		食品のアミノ酸含量 (mg/gたんぱく質)			
必須アミノ酸		精白米	大豆	食パン	牛乳
ヒスチジン	15	31	31	27	31
イソロイシン	30	47	53	42	58
ロイシン	59	96	87	81	110
リシン	45	42	72	23	91
含硫アミノ酸	22	55	34	42	36
芳香族アミノ酸	38	110	100	96	110
トレオニン	23	44	50	33	51
トリプトファン	6	16	15	12	16
バリン	39	69	55	48	71

アミノ酸評点パターンは2007年WHO/FAO/UNUによる成人の値。
アミノ酸含量は「日本食品標準成分表2020年版（八訂）アミノ酸成分表編第3表」による。
含硫アミノ酸：メチオニン＋シスチン
芳香族アミノ酸：フェニルアラニン＋チロシン

振り返り　次の文章が正しければ○を，誤っていれば×を記入しよう。

・たんぱく質を多く含む食品には，動物性食品と植物性食品がある。…（¹　　　）

・大豆はたんぱく質のほか，ビタミンB群なども多く含み「畑の魚」といわれる。

　　　　　　　　　　　　　　　　　　　　　　　…（²　　　）

【自己評価】

・五大栄養素やたんぱく質について理解できたか。…（　A・B・C　）

❸五大栄養素の働きと食品(2)

____年____組_____番　　　　____月____日

名前

memo

はじめに

脂質や炭水化物を摂るために，あなたはどのような食品を食べていますか。

> 脂質や炭水化物を多く含む食品って何だろう？

チェック　　**重要語句をまとめよう。**

Check

脂　質	脂質は，グリセリンと脂肪酸が結合してできている。中性 (¹　　　)，リン (²　　　)，コレステロールなどいくつかの種類がある。 (³　　　　　) は，分子構造上の二重結合の有無で，飽和脂肪酸と不飽和脂肪酸に分けられる。
炭水化物	炭水化物は，体内で消化される (⁴　　　) と消化されない (⁵　　　) がある。(⁶　　　　　　) になるのはでんぷんに代表される糖質である。

確認❶

脂質の働きについて，次の文章の（　　）に適する言葉を記入しよう。

脂質は，エネルギー源〔1gあたり約 (¹　　) kcal〕となるほか，体をつくる成分としての働きがある。エネルギー源になる主なものは，(²　　　　　) の中性脂肪で，グリセリンと3つの脂肪酸が結合してできている。(³　　　　　) のリン脂質は，細胞膜の成分になる。(⁴　　　　　) のコレステロールは，胆汁，ホルモン類，ビタミンDなどの原料になる。

脂肪酸のうち，飽和脂肪酸の摂りすぎは (⁵　　　　　　) の原因になりかねない。不飽和脂肪酸には，体内で合成されない (⁶　　　) 脂肪酸や，(⁷　　　) や (⁸　　　) など生活習慣病の予防に役立つものがある。

確認 2

炭水化物の働きについて，次の文章の（　　　）に適する言葉を記入しよう。

　糖質は消化酵素により最終的に（¹　　　　　）に分解・吸収され，エネルギー〔1gあたり約（²　　　）kcal〕となる。過剰に摂取すると，肝臓で（³　　　　　　　　）になって蓄えられ，残りは脂肪に合成されて（⁴　　　　　　）として蓄えられる。不足すると，脂質やたんぱく質からエネルギーをつくることになり，本来の働きが妨げられる。

　食物繊維は体内で（⁵　　　）されないが，（⁶　　　）を整えたり，（⁷　　　）の吸収を妨げたり，（⁸　　　　　　）の上昇を抑えたりする重要な働きがある。

確認 3

炭水化物を多く含む食品について，関係の深いものを線で結んでみよう。

(1) 穀　類　・

- ・a　でんぷんを約70％含み，水分が少なく貯蔵性に優れている。
- ・b　さとうきびやさとうだいこん（てんさい）が原料である。
- ・c　でんぷんのほか，ビタミンC，無機質，食物繊維を多く含んでいる。

(2) いも類　・

- ・d　米はたんぱく質を約6％含み，玄米はビタミンB群が多く含まれている。
- ・e　しょ糖のほか，無機質も含むが精製度が高い白砂糖は無機質が少なくなる。

(3) 砂　糖　・

考　察

マヨネーズにはどれくらいの植物油が使われているのだろうか。バターとマヨネーズの油脂量を調べてみよう。

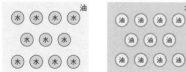

バター（油中水滴型）マヨネーズ（水中油滴型）

振り返り　**次の文章が正しければ○を，誤っていれば×を記入しよう。**

- ・不飽和脂肪酸のDHAやEPAは背中が青い魚（さばやさんま）に多く含まれる。
  　　　　　　　　　　　　　　　　　　　　　　…（¹　　　）
- ・炭水化物は，脂質やたんぱく質よりもエネルギーになるのが遅い。…（²　　　）

【自己評価】

- ・脂質や炭水化物について理解できたか。…（ A ・ B ・ C ）

❹五大栄養素の働きと食品（3）

_____年_____組_____番　　　　_____月_____日

名前

学習の ねらい	・無機質・ビタミンの働きについて理解する。

memo

はじめに

無機質やビタミンを摂るために，あなたはどのような食品を食べていますか。

> 無機質やビタミンは，いろいろな種類があるよね。

チェック　重要語句をまとめよう。

Check

微量栄養素	無機質とビタミンは，必要量は少ないが重要な働きをするので，（¹　　　　　　）といい，補酵素として代謝にかかわっている。不足すると，特有の（²　　　　　　）につながる。
無機質	体を構成する元素の96％は，炭素・水素・酸素・窒素である。この4元素以外の元素を一括して無機質と呼んでいる。骨や歯などの構成成分のほか，（³　　　）の浸透圧調整などの生理機能を調整する。
ビタミン	ビタミンには，ビタミンA，D，E，Kの（⁴　　　　　　）ビタミンと，ビタミンB群，Cなどの（⁵　　　　　　）ビタミンとがある。他の栄養素の体をつくる働きの重要な脇役を果たしている。

確認 1

無機質の働きについて，（　　　）に適する言葉を記入しよう。

名　称	生理機能	欠乏症状
ナトリウム	体液の（¹　　　　　　）の調整，pHの調整	食欲不振，疲労感
カリウム	細胞の浸透圧の維持	食欲不振，疲労感
カルシウム	（²　　　　　　）の主成分・筋肉の収縮作用や（³　　　　）の働きの調整	骨や歯が弱くなる。神経過敏になる。
マグネシウム	骨や歯の成分・（⁴　　　　）の収縮作用	骨が弱くなる。筋肉のけいれん
リン	（⁵　　　　　　）・核酸の成分	骨が弱くなる。
鉄	血色素の成分となり酸素を運搬	（⁶　　　　）
亜鉛	酵素の成分とその活性化に関与	（⁷　　　　　　）
ヨウ素	発育・基礎代謝の促進	甲状腺肥大

確認 ②

ビタミンの働きについて，（　　　）に適する言葉を記入しよう。

	名　称	生理機能	欠乏症状
（¹　）性	ビタミンA	(²　　　　　)や粘膜の健康の保持，暗所での視力調節	風邪を引きやすい 夜盲症
	ビタミンD	(³　　　　　　　)の吸収を助け，骨を形成	くる病,(⁴　　　　)
	ビタミンE	体内の (⁵　　　　)の酸化・老化防止	溶血性貧血
	ビタミンK	血液凝固作用，骨の形成促進	血が止まりにくい
（⁶　）性	ビタミンB₁	糖質代謝	(⁷　　　　)
	ビタミンB₂	糖質・脂質・たんぱく質の(⁸　　　　)，発育促進	発育阻害・口角炎・皮膚炎
	ナイアシン	糖質・脂質・たんぱく質の(⁹　　　)	ペラグラ
	葉　酸	アミノ酸，核酸の代謝	赤血球形成不全
	ビタミンC	細胞間の結合組織の強化，生体内の(¹⁰　　　)防止，病気に対する抵抗力	風邪を引きやすい 壊血病

確認 ③

無機質・ビタミンを多く含む食品について，関係の深いものを線で結んでみよう。

(1) ナトリウム　・　　　　・a 卵黄，青魚，干ししいたけなど

(2) カルシウム　・　　　　・b 豚肉，胚芽など

(3) 鉄　　　　　・　　　　・c 食塩，みそ，しょうゆなど

(4) ヨウ素　　　・　　　　・d 乳・乳製品，小魚，海そうなど

(5) ビタミンA　・　　　　・e レバー，卵，肉類，きな粉，煮干し，海そうなど

(6) ビタミンD　・　　　　・f 海そうなど

(7) ビタミンB₁　・　　　　・g レバー，卵黄，緑黄色野菜，バターなど

考　察

サプリメントなどの栄養補助食品のメリット，デメリットについて考えてみよう。

　

振り返り　次の文章が正しければ○を，誤っていれば×を記入しよう。

・日本人は多くの人がカルシウムを十分に摂取できている。…（¹　　　）

・ビタミンDは日光により体内でコレステロールから合成される。…（²　　　）

【自己評価】

・無機質・ビタミンについて理解できたか。…（ A・B・C ）

❺おいしさと安全の科学(1)

____年____組_____番　　　____月____日

名前

・調理の目的について理解する。
・食品の安全について理解する。

memo

はじめに

すりつぶしたせんべいとそのままのせんべいを食べ比べたら，味わいは変わるだろうか。

> 成分は同じだから，味は変わらないかな？

チェック　**重要語句をまとめよう。**

Check

調理の目的	調理とは，食材に加熱などの操作をほどこし，食べ物を調えることであり，次のような目的がある。 ・食べ物を安全で (¹　　　　) なものにする。 ・食品を食べやすくしたり，(²　　　　　　) しやすくしたりして，(³　　　　) を高める。 ・(⁴　　　　) する。
食中毒予防の三原則	細菌，ウイルス，自然毒，化学物質が原因となり，(⁵　　　　) が起きることがある。防ぐためには，「菌をつけない」，「菌を (⁶　　) さない」，「菌を (⁷　　) させる」の3つを心がける。

確認 1

加工食品の表示について，次の文章の (　　　) に適する言葉を記入しよう。

名　称	ベーコン(スライス)
原材料名	ぶたばら肉(国産)，乳たんぱく，卵たんぱく，糖類(乳糖，砂糖)，食塩，酵母エキス，ポークブイヨン，植物性たんぱく，たん白加水分解物，ゼラチン，(一部に卵・乳成分・大豆・豚肉・ゼラチンを含む)
アレルギー物質を含む食品	
添 加 物	調味料(アミノ酸等)，グルコン酸K，リン酸塩(Na)，酸化防止剤(ビタミンC)，増粘多糖類，貝カルシウム，発色剤(亜硝酸Na)，香辛料
内容量	65グラム
賞味期限	枠外の下に記載してあります
保存方法	要冷蔵 (10℃以下で保存してください)
製造者	○○○株式会社　ABC1 ○○県○○市○○区1-1-1

〔原材料名〕

原則として使用した全ての原材料と食品添加物が (¹　　　) の多い順に表示される。

〔(²　　　　　　) 物質を含む表示〕

卵，乳，小麦，そば，落花生，かに，えびの7品目は必ず表記される。

〔(³　　　) 期限〕

安全に食べられる期限のこと。

〔(⁴　　　) 期限〕

おいしく食べられる期限のこと。

確認 2

次のマークの名称と説明について，適切なものを選んで記号を記入しよう。

			厚生労働省許可
認定機関名	認定機関名	認定機関名	
名称(¹　) 説明(²　)	名称(³　) 説明(⁴　)	名称(⁵　) 説明(⁶　)	名称(⁷　) 説明(⁸　)

〈名称〉ア 特別用途食品マーク　　イ 有機JASマーク　　ウ 生産情報公開JASマーク
　　　　エ JASマーク
〈説明〉a 生産情報を正確に伝えていると認められた食品。
　　　　b 病者用，乳児用，妊産婦用などの特別の用途に適する食品。
　　　　c 農林水産省が定めた規格・基準に合格し品質が認められた食品。
　　　　d 原則として農薬や化学肥料を使わないで生産された農産物につけられる。

確認 3

次の食中毒の事例において，関係の深いものを線で結んでみよう。

(1) 手先をけがしている家族がつくってくれたおにぎり
　　を食べた後，激しい下痢に見舞われた。　　　　　・

(2) 芽が出ているじゃがいもを食べたら，下痢になった。・

(3) 生牡蠣を食べた。その後，激しい嘔吐と下痢に見舞われた。・

(4) 釣りでふぐを釣った。自宅で調理して食べたら，手
　　足がしびれ，入院をした。　　　　　　　　　　　・

(5) 常温で放置した刺身を食べたら，おなかを壊し下痢をした。・

(6) 常温で放置した生のサバを煮物にして食べたが，直
　　後にじんましんができた。　　　　　　　　　　　・

・a ノロウイルス

・b 黄色ブドウ球菌

・c ソラニン

・d ヒスタミン

・e テトロドトキシン

・f 腸炎ビブリオ

考　察

焼き肉のときには，生の肉を取る箸と，焼けた肉を取る箸とを使い分ける。肉を切った後のまな板では，生野菜を切らない。どうしてだろうか。

（記入欄）

振り返り｜次の文章が正しければ○を，誤っていれば×を記入しよう。

・食べ物のおいしさは，食べる人の状態や食べるときの環境にも影響される。
　　　　　　　　　　　　　　　　　　　　　　　　　…（¹　　）

・食品添加物には栄養素を強化する目的で加えられるものもある。…（²　　）

【自己評価】
・調理の目的や食品の安全について理解できたか。…（ A・B・C ）

❻おいしさと安全の科学(2)

____年____組_____番　　　____月____日

名前

学習の
ねらい　・調理の基本について理解する。

memo

はじめに

あなたが今までにつくったことがある料理を書いてみよう。

> 小学校や中学
> 校の調理実習
> でいろいろつ
> くったね。

チェック　重要語句をまとめよう。

Check

火加減	(¹　　　　　)：鍋底に火が当たらない。 (²　　　　　)：鍋底に火がつくかつかないか。 (³　　　　　)：鍋底全体に火が当たる。
昆布とかつお ぶしのだし	(⁴　　　　) にはうま味成分のグルタミン酸，(⁵　　　　　　　　　　) にはう ま味成分のイノシン酸が含まれる。混ぜると単独で用いるよりうま味が 強くなる。

確認 1

次の写真の切り方について，(　　　　)に名称を記入しよう。

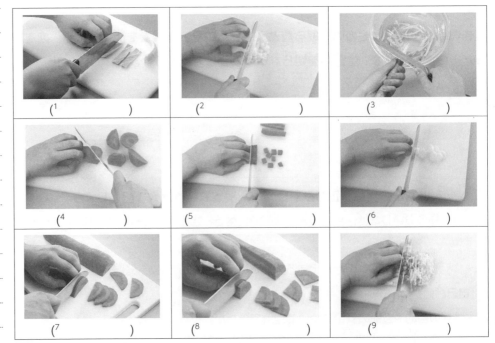

(¹　　　　　　)　　(²　　　　　　　　)　　(³　　　　　　)

(⁴　　　　　　)　　(⁵　　　　　　　　)　　(⁶　　　　　　)

(⁷　　　　　　)　　(⁸　　　　　　　　)　　(⁹　　　　　　)

memo

確認 ②

いろいろな加熱調理について，関係の深いものを線で結んでみよう。

(1) 下処理した材料に調味料（和え衣）をからめて味をつける。・　　　　　・a 揚げる

(2) 水蒸気で加熱する。栄養素やうまみ成分は逃げないが，

　　途中で味つけしにくい。　　　　　　　　　　　　　　　・　　　　　・b 和える

(3) 直火，あるいはオーブン等を用い，高温で加熱する。・　　　　　・c 蒸す

(4) 寒天やゼラチンなどのゲル化剤を使って材料を固める。・　　　　　・d 焼く

(5) 油に入れ高温短時間で加熱する。水分が失われ油の風味がつく。・　　　　　・e 寄せる

確認 ③

次の表は食品の容量と重量の関係を示している。（　　）に適する言葉や数字を記入しよう。

食 品	小さじ (5mL)	大さじ(15mL)	カップ(200mL)
水・(¹　　)・(²　　)	5	15	200
しょうゆ・みりん・みそ	(³　　)	(⁴　　)	230
食塩	6 (5)	18 (15)	240 (180)
上白糖	(⁵　　)	(⁶　　)	130
小麦粉（薄力粉・強力粉）	3	9	110
かたくり粉	3	9	130
油・バター	(⁷　　)	(⁸　　)	180
マヨネーズ	4	12	190
トマトケチャップ	5	15	230
ごま	3	9	120
白米	－	－	170

考 察

昆布とかつおぶしのだしをとり，そのままの味わいと，塩を加えた味わいを比較してみよう。また，塩の代わりにしょうゆを加えると，だしの味わいがどのように変わるだろうか。

振り返り　次の文章が正しければ○を，誤っていれば×を記入しよう。

・「ゆでる」とは材料を調味料の入った煮汁で加熱することである。…（¹　　）

・一尾魚を盛りつけるときは頭を左，切り身は皮を上にして盛りつける。…（²　　）

【自己評価】

・調理の基本について理解できたか。…（ A ・ B ・ C ）

❼料理の組み合わせを考えよう

___年___組_____番　　　　___月___日

名前

| 学習の
ねらい | ・食事摂取基準について理解する。
・献立について理解する。 |

memo

はじめに

昨日食べた食事を思い出して書き出してみよう。

昨日の夕食は大好きなメニューだったよ。

チェック　重要語句をまとめよう。

Check

日本人の 食事摂取基準	国民の (¹　　　) の維持・増進や (²　　　　　　　　) の予防を目的として，1日に摂取することが望ましいエネルギーや栄養素の量を示したものが「日本人の (³　　　　　　　　)」である。
食品群別摂取 量のめやす	食品を栄養の特徴によっていくつかの (⁴　　　　) に分類し，それぞれから食品を選び，めやす量に基づいて摂取すると，必要なエネルギーや栄養素を満たすことができるようにしたものが，(⁵　　　　　　) のめやすである。

確認 ①

教科書p.114②の表を見て，あなたの食事摂取基準を記入しよう。

エネルギー	たんぱく質	脂質エネルギー比率	食塩相当量	カルシウム	鉄	ビタミンA

ビタミンD	ビタミンE	ビタミンB₁	ビタミンB₂	ナイアシン	葉酸	ビタミンC

確認 ②

献立作成の手順①〜④について，(　　　) に適する言葉を記入しよう。

① (　　　) を決める：米飯，パン，めんなど

② (　　　) を決める：魚，肉，卵，豆・豆製品など

③ (　　　) を決める：野菜，海藻，いも，豆・大豆製品など

④ (　　　) を決める：副菜を補うもの。飲物，果物，乳製品
　　　　　　　　　　などをつけてもよい。

※①と②の順番は逆の場合もある。

配膳例

副菜1　主菜
副菜2
主食　汁物

次の手順に従って，1日分の献立を考えてみよう。

手順①教科書p.115④ の表を見て，あなたの食品群別摂取量のめやすを下の表に記入しよう。
　　②朝食の例にならって，教科書p.104～113を参考にして料理を選び，1日分の献立を立ててみよう。
　　③下の表に材料と分量を記入し，1日の合計が食品群別摂取量のめやすに近くなるように工夫してみよう。

献立	食品 めやす量 材料	第1群 乳・乳製品	卵	第2群 魚介・肉	豆・豆製品	第3群 野菜	いも	果物	第4群 穀類	油脂	砂糖
朝食 ごはん みそ汁 野菜炒め	米 こまつな じゃがいも みそ もやし ピーマン 油				16	40 50 30	30		60	4	
昼食											
夕食											
1日の合計											

振り返り　次の文章が正しければ○を，誤っていれば×を記入しよう。

・食事摂取基準は，年齢別，性別，身体活動レベル別などが考慮されている。
　　　　　　　　　　　　　　　　…（1　　　）

・4つの食品群の第3群とは，魚介・肉，豆・豆製品のことである。…（2　　　）

【自己評価】
・食事摂取基準や献立について理解できたか。…（ A・B・C ）

❽ 多様な食文化

____ 年 ____ 組 _____ 番　　　　　____ 月 ____ 日

名前

学習の
ねらい ・和食の特徴を理解する。
・世界の食文化について関心をもつ。

memo

はじめに

日本の伝統食と聞いて，どのような食べ物を思い浮かべますか？

> みそやしょうゆ
> は，日本の伝統
> 的な発酵調味料
> だよね。

チェック 重要語句をまとめよう。

Check

和　食	日本の伝統的な食のあり方は「和食」として (¹　　　　　　　　　　) 文化遺産に登録された。
一汁三菜	(²　　　　) を中心に (³　　　) と (⁴　　　　　) を組み合わせる一汁三菜の献立は日本固有の料理形式にみられるもので，和食の基本の形だとされる。

確認 １

日本の食文化の特徴について，（　　　）に適する言葉を記入しよう。

・日本は森林や河川も多く，飲用に適したきれいな (¹　　　　) が豊富に得られる。

・気候的には夏の (²　　　　　　) が稲作と発酵食品づくりに適している。

・米を主食として，(³　　　　　　) のあるだしを使った汁物と，(⁴　　　　　)，野菜，豆類，海藻，きのこなどを組み合わせたおかずとともに食べてきた。

・各地の気候風土が育んだ (⁵　　　　　　) には，地域の食材，(⁶　　　) の食材を生かす，さまざまな知恵がある。

確認 2

世界の主な発酵食品について，関係の深い国・地域を線で結んでみよう。

(1) ナンプラー   ・   ・a スウェーデン

(2) チーズ   ・   ・b ドイツ

(3) キムチ   ・   ・c 中国

(4) ヌックマム   ・   ・d カナダ

(5) シュールストレミング   ・   ・e 日本

(6) ザワークラフト   ・   ・f 韓国・北朝鮮

(7) ザーサイ   ・   ・g タイ

(8) キビヤック   ・   ・h ヨーロッパ

(9) クサヤ   ・   ・i ベトナム

考察

教科書 p.125 のキャリア「世界に和食文化を伝える」を読んで，和食のよさについて考えてみよう。また改善点もあればあげてみよう。

和食のよさ

和食の改善点

振り返り 次の文章が正しければ○を，誤っていれば×を記入しよう。

・日本の食文化は古代・中世から変化していない。 …(¹　　　)

・日本の地域固有の在来種の野菜は年々減少している。…(²　　　)

【自己評価】

・和食の特徴について理解し，世界の食文化について関心をもったか。

… （ A・B・C ）

❾持続可能な食生活

| 学習の
ねらい | ・日本や世界の食料自給率の現状から食糧事情について理解する。
・持続可能な食生活に向けて取り組めることを考える。 |

memo

はじめに

みそやしょうゆ
の原料の大豆も
自給率は低いん
だね。

普段食べている日本の食品の自給率を知っていますか？　感じたこ
とを話し合ってみよう。

米 97％

小麦 13％

大豆 7％
（大豆需要の中で食用が 30％, 油糧用が 60％）

牛肉 42％
（国内飼料だけだと, 12％）

バナナ 0％

りんご 56％
（農林水産省「食料需給表」2014 年）

チェック　重要語句をまとめよう。

Check

遺伝子 組換え作物	遺伝子組換え作物とは，ある生物の遺伝情報を別の生物の（¹　　　　） に導入することで特定の（²　　　）を付与した作物のこと。除草剤を使 っても育つ大豆や，害虫に強いトウモロコシなどがある。
ゲノム編集 食品	ゲノム編集食品とは，その食品の元々の（³　　　　）自体を切るなど して編集しなおし，その食品をより（⁴　　　）なものにした食品のこと。 肉量の多いマダイ，血圧を下げるトマトなどがある。
エンゲル係数	生活の（⁵　　　　）に占める食料費の割合をエンゲル係数といい，「所 得が（⁶　　　）なると，食料費の割合は（⁷　　　）なる」と説明される。

確認 ❶

食料自給率について，次の文章の（　　）に適する言葉を記入しよう。

　1965 年には，日本の総カロリーの（¹　　）％を国内の食料生産でまかなっていたが，
その後，食料自給率は低下し，カロリーベースで（²　　）％（2019 年）と主要国の中
では最低である。特に（³　　　）と（⁴　　　）の自給率が低い。

確認 2

次の文章について正しいものには○，誤っているものは×をつけよう。

(¹　) 食品ロスとは食べられるにもかかわらず廃棄される食品である。

(²　) 輸入された食品は，食品衛生法など日本の法律の基準を満たさなくても販売できる。

(³　) 食品の販売における 3 分の 1 ルールは食品ロスを削減する効果がある。

(⁴　) 日本では食品ロスの削減に関する法律を制定し，社会全体で削減をめざすことにした。

確認 3

食の問題を解決するための取組みの説明で，あてはまる取組みを選ぼう。

(¹　) ロボットトラクタやスマートフォンで操作する水田の水管理システム

(²　) 食品などの安全性を客観的に評価する機関

(³　) 産官民が一体で推進する国産農産物等の消費拡大の取組み

(⁴　) 生物多様性の保全のために，種子や動物の精子・卵子などさまざまな遺伝資源を収集し保存するしくみ

> ①ジーンバンク
> ②スマート農業
> ③フード・アクション・ニッポン
> ④食品安全委員会

考 察

教科書p.129 話し合ってみよう「クリスマスケーキが大量に廃棄されている！」を読んで，食品ロスを出さないためにどうしたらよいか，考えてみよう。

振り返り | **次の文章が正しければ○を，誤っていれば×を記入しよう。**

・日本の食料自給率の低下には，労働力不足と農地の減少の両方が要因としてある。

… (¹　)

・日本では食品ロスの削減に関する法律を制定していない。… (²　)

【自己評価】

・日本や世界の食料自給率を理解し，持続可能な食生活のための課題を設定できたか。

… (A・B・C)

❶人間と被服

| 学習の
ねらい | ・衣服の社会的背景を理解する。
・衣服の役割を理解する。 |

memo

はじめに

あなたは，どのようなときに，どのような被服を身につけるか考えてみよう。

> 体育の授業のとき，どのような被服を身につけるかな？

チェック　**重要語句をまとめよう。**

Check

被服と衣服	(^{1}　　　　) は，上着，ズボン，下着など人体の主な部分を覆うものをいう。 (^{2}　　　　) は，衣服のほかに帽子，靴，アクセサリーなど頭から手，足先までの体の各部を覆い包むものを加えたものをいう。
被服の機能	(^{3}　　　　　　) 上の機能－暑さ寒さを防ぎ，体を清潔に保つ働き。 生活活動上の機能　　－作業や運動，睡眠などの生活活動を助ける働き。 (^{4}　　　　　　) 上の機能－社会生活を円滑に過ごすための働き。
ライフステージと被服	人は，身体・精神共に成長し，ライフステージが (^{5}　　　　) し，被服の形などにも (^{6}　　　　) される。しかし，保健衛生上の働き，生活活動上の働きと身体寸法や動作への適合が重要なことは，どのライフステージにも (^{7} 　　　) する。

確認 **1**

被服をめぐる社会の変化について，次の文章の（　　　　）に適する言葉を記入しよう。

　現在，私たちが着用している被服のほとんどは (^{1}　　　　　　) である。さらにグローバル化の進展により，既製服の多くが (^{2}　　　　　　) で占められるようになり，生産拠点が人件費の安い (^{3}　　　) に移ったことが日本の繊維産業・技術を (^{4}　　　) させている。一方で，希少で (^{5}　　　) な商品の販売も行われている。

確認 ②

衣服の起源について，関係の深いものを線で結んでみよう。

(1) 身体的保護説　　・　　　　　・a 悪霊や疫病から身を守る。

(2) 紐衣説（ちゅうい）　　・　　　　　・b 美しく身を飾りたい思い。

(3) 羞恥説　　・　　　　　・c 恥ずかしさから身体を隠す。

(4) 呪術説　　・　　　　　・d 紐状（ひも）のものを腰に巻きつける。

(5) 装飾説　　・　　　　　・e 気候環境や外敵から身を守る。

確認 ③

多様な民族衣装について，次の文章の（　　　）に適する言葉を記入しよう。

　各国や地域の (¹　　　　　) 条件や歴史，(²　　　　) を踏まえることによって民族衣装の特徴や多様性を知ることができる。日本の民族衣装は和服（「(³　　　　　)」ともいう。）である。和服は (⁴　　　) とよばれる長い布を直線的に裁断する。衣服形態が直線的であるため多少体型が違っても (⁵　　　　　) 方で適応できる。

考　察

次のイラストを見て，あなたはどのような感じや印象をもつか考えてみよう。

　服装は自己表現のひとつで，その人の好みや美的な (¹　　　　) が反映され，その人らしさが表れる。

　私たちは，服装を通じて (²　　　　　　　) をアピールしたり，感情や態度，性格などの (³　　　) を周りの人に伝えたりするなどの (⁴　　　　　　　　　　) をとっている。そのため，被服は (⁵　　　　　) コミュニケーション（ノンバーバルコミュニケーション）の機能がある。

振り返り　次の文章が正しければ○を，誤っていれば×を記入しよう。

・現在，国内で販売される衣服は輸入品がほとんどを占めている。　…(¹　　　)

・服装は自分らしさの表現とも言えるが，TPOを考えて着用することも大切である。

　　　　　　　　　　　　　　　　　　　　　　　　　　　　…(²　　　)

【自己評価】

・衣服の社会的背景や衣服の役割について理解できたか。…（ A・B・C ）

❷ 被服の科学と管理（1）

___年___組_____番	___月___日
名前	

学習の
ねらい
・衣服の素材の特徴を理解する。
・着心地と衣服の素材の性能について理解し, 性能改善の工夫を知る。

memo

はじめに

表示を見るとわかるよ。

あなたの通学服はどのような繊維でつくられているだろうか。

チェック　重要語句をまとめよう。

Check

布	布は（¹　　）から構成されており, 糸は（²　　）からつくられている。糸は繊維を多数集めて引きそろえ,（³　　）をかけてつくられる。
織物	（⁴　　）糸と（⁵　　）糸を組み合わせてつくる布。糸の交差の仕方によって,（⁶　　）,（⁷　　　　）, 朱子織がある。
編物	（⁸　　）本の糸でつくったループに糸をからませてつくる布。よこメリヤス, たてメリヤスがある。
不織布	繊維どうしを接着剤で（⁹　　）したり, 機械的に繊維をからみ合わせたりした布。
被服気候	（¹⁰　　）の各層と（¹¹　　）表面の間の温度や湿度のこと。快適な被服気候をつくるうえで, 被服素材の性質が大きく影響している。

確認 1

天然繊維について,（　　）に適する言葉を記入しよう。

分類		名称	長所及び短所	主な用途	原料
天然繊維	植物	綿	（¹　　）性・吸水性がある。熱に強い。肌触りがよく, 摩擦や（²　　）に強い。しわになりやすい。	（³　　）タオル 各種被服	（⁴　　）
		麻	吸湿性・吸水性があり, 洗濯に強い。（⁵　　）がある。しわになりやすい。	夏服 ハンカチ	亜麻（あま）・苧麻（ちょま）
	動物	毛	吸湿性・（⁶　　）性・弾力性がある。しわになりにくい。（⁷　　）を受けやすい。フェルト化する。	スーツ, 制服 セーター	獣毛
		絹	吸湿性,（⁸　　）があり, しなやか。虫害を受けやすい。汗・（⁹　　）で黄変する。	（¹⁰　　）婦人服 ネクタイ	（¹¹　　）

確認 2

化学繊維について，（　　　）に適する言葉を記入しよう。

分類		名　称	長所及び短所	主な用途	原　料
化学繊維	再生	レーヨン	(¹　　　　)性があり，肌触りがよい。ぬれると(²　　　　)やすい。しわになりやすい。	婦人服 裏　地	(³　　　　　　)
	半合成	アセテート	(⁴　　　　　　)がある。絹に似た風合い。ぬれると弱くなる。(⁵　　　　　　)に弱い。	婦人服 スカーフ	パルプ，酢酸
	合成	ナイロン	(⁶　　　　　)に富む。丈夫で軽い。(⁷　　　　)する場合がある。	靴下 運動服	(¹³　　　　)など
		ポリエステル	強さ，(⁸　　　)性，寸法安定性がある。しわになりにくい。(⁹　　　　　　)を帯びやすい。	各種被服 幅広い用途	
		アクリル	(¹⁰　　　)性がある。羊毛に似た風合い。(¹¹　　　)の影響を受けやすい。	セーター 毛布	
		ポリウレタン	(¹²　　　)性が大きい。劣化が早い。	水着	

確認 3

被服素材の性質や性能改善について，関係の深いものを線で結んでみよう。

(1) 吸水性　　　・　　　　・a 水蒸気を吸収する性質

(2) 吸湿性　　　・　　　　・b 糸や繊維のすき間を空気が移動する性質

(3) 通気性　　　・　　　　・c 熱伝導率の小さい空気を多く含み，温度を保つ性質

(4) 保温性　　　・　　　　・d 汗を吸収する性質

(5) 防汚加工　　・　　　　・e 燃えやすい繊維を燃えにくくする。

(6) 抗菌・防臭加工・　　　・f 繊維に菌が繁殖するのを防ぎ，においが発生しないようにする。

(7) 防炎，難燃加工・　　　・g 汚れをつきにくくする。汚れを除去しやすくする。

考　察

次の繊維の水分率のグラフから，吸湿性の高い繊維の特徴を考えてみよう。

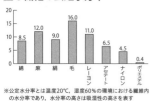

主な繊維の公定水分率※

※公定水分率とは温度20℃，湿度60％の環境における繊維内の水分率であり，水分率の高さは吸湿性の高さを表す

　　　　　　　　　　　　　　　　　　　　　　　　　　

水分率の高さは吸湿性の高さを示すので，(¹　　　　　)繊維は吸湿性が低いことがわかる。

振り返り　次の文章が正しければ○を，誤っていれば×を記入しよう。

・合成繊維は炎に接した部分が溶解して皮膚に付着する危険がある。… (¹　　　　)

・被服最内層の被服気候が，32±1℃，湿度70±10％のときが快適な着心地である。
　　　　　　　　　　　　　　　　　　… (²　　　　)

【自己評価】

・衣服の素材の特徴や加工による性能改善や着心地について理解できたか。
　　　　　　　　　　　　　　　　… (A・B・C)

❸ 被服の科学と管理（2）

____年____組_____番　　　　　____月____日

名前

memo

はじめに

いろいろな種類の洗剤があるよね。

気に入った被服を洗濯するとき，どのような洗剤を使ったらよいだろうか。

チェック　**重要語句をまとめよう。**

Check

湿式洗濯 （しっしきせんたく）	家庭で行う一般的な洗濯方法で，（¹　　）と洗剤で洗う。汗や飲料などの（²　　）性の汚れをよく落とす。（³　　）や（⁴　　）などは，水によって収縮を起こしやすい。洗剤の（⁵　　）を確認し，（⁶　　）に適した洗剤を選び，洗剤の（⁷　　）や水量，洗濯コースを設定する。
乾式洗濯 （かんしきせんたく）	揮発性の（⁸　　　　）で洗う。業者が専門の施設で行い，（⁹　　　　）という。被服の型くずれ，色落ち，風合いの変化が少なく，（¹⁰　　　　）をよく落とす。
界面活性剤 （かいめんかっせいざい）	分子に（¹¹　　　）と（¹²　　　）の両方をもち，水にも油にもなじみやすいという特徴がある。界面張力を下げて（「（¹³　　　）」という。）汚れを除去しやすくし，乳化・分散作用によって汚れを洗剤液中に分散させる。再付着防止作用もある。
漂白剤 （ひょうはくざい）	繊維のすきまに入り込んだ汚れによる（¹⁴　　）物質を化学的に分解して白さを（¹⁵　　）させる。塩素系・酸素系・還元系がある。繊維を傷めず，脱色しないものを選ぶ。
柔軟仕上げ剤 （じゅうなんしあげざい）	陽イオン界面活性剤が（¹⁶　　　）の働きをして，洗濯物を滑らかで，（¹⁷　　　）触感に仕上げる。すすぎのときに用いる。

確認 ❶

被服の汚れと手入れの方法について，次の文章の（　　）に適する言葉を記入しよう。

被服を着ていると，型くずれやしわが生じて被服の（¹　　　）が損なわれる。また，汚れによって繊維のすきまに汚れが詰まり，布の（²　　）性，（³　　）性などが低下して着心地も悪くなる。低下した性能を回復して，きれいに長く使用するためには，（⁴　　　）な手入れと保管が必要である。手入れの方法には，（⁵　　　　　）や洗濯などの方法がある。

動物繊維の（⁶　　）や（⁷　　）はイガやカツオブシ虫などの（⁸　　）を受けやすい。季節によって着用しない被服は，防虫剤や乾燥剤を使用して，（⁹　　　）のある容器や（¹⁰　　）の少ない保管場所に収納する。

確認 2

洗濯用洗剤には次の3種類がある。関係の深いものを線で結んでみよう。

(1) 合成洗剤　　　・

(2) 複合石けん　　・

(3) 石けん　　　　・

・a 原料は動植物油脂。液性は弱アルカリ性。高い洗浄力がある。温水で溶かし，すすぎをよくする。

・b 原料は動植物油脂と石油。液性は弱アルカリ性。石けんよりも冷水や硬水の影響を受けにくい。

・c 原料は石油と動植物油脂。配合剤によって弱アルカリ性洗剤と中性洗剤がある。中性洗剤は汚れ落ちはやや劣るが，繊維のもつ風合いを損なうことが少ない。

確認 3

界面活性剤の働きについて，（　　　）に適する言葉を記入しよう。

実験方法(1)　2個のビーカーのうち，片方には水を入れ(A)，もう一方には水と洗剤を入れる(B)。

　　　　(2)　①～③の実験(教科書p.145 参照) をし，(A)と(B)の違いから界面活性剤の働きを確かめる。

（¹　　　）作用	（²　　　）作用	（³　　　）作用
(A)　　　　　　　(B)	(A)　　　　　　　(B)	(A)　　　　　　　(B)
①(A)毛糸はなかなか沈まない。	②(A)油が水に混ざらない。	③(A)すすが水面に浮く。
(B)毛糸に液が染みわたり，沈む。	(B)油が水に混ざる。	(B)細かく分散する。

　　　　　　　　　　水中に取り出された汚れは，界面活性剤の再付着防止作用により再び繊維につかない。

考 察

次のグラフを見て，洗濯方法について考えてみよう。

洗濯条件の変化による洗浄力の変化

A. 洗濯液の温度

B. 洗濯液の濃度

・洗濯液適温は，（¹　　　　　　　）℃である。

・洗剤は，（²　　　　　　）のめやすを守る。

● Aのグラフは，標準条件洗濯液の温度20℃における使用量のめやすの洗浄力を100とする。

● Bのグラフは使用量のめやすの洗剤を使用したときの濃度を1とする。そのときの洗浄力を100とする。

振り返り　次の文章が正しければ○を，誤っていれば×を記入しよう。

・アルカリに弱い毛や絹などの衣料には弱アルカリ性の洗剤を使用するとよい。

　　　　　　　　　　　　　　　　　　　　　　　　… （¹　　　）

・防虫剤を使用する場合は，異種を混ぜて使用した方が効果は高い。… （²　　　）

【自己評価】

・適切な被服管理の方法について，科学的な視点も含め理解できたか。

　　　　　　　　　　　　　　　　　　　　　　　… （ A・B・C ）

❹被服の選択と安全

_____年_____組_____番　　　　_____月_____日

名前

| 学習の
ねらい | ・表示を読み取り，管理まで含めた適切な選択ができる力を身につける。
・着心地や安全性を考えた被服の選択ができる力を身につける。 |

memo

はじめに

被服を購入するとき，何を重視するだろうか。価格やデザインのほか，どのようなことがあるか考えてみよう。

> 何を決め手に
> 被服を購入し
> ているかな。

チェック　重要語句をまとめよう。

Check

繊維製品の 表示	(¹　　　　　　　　　　　　　　) に基づいて，品質や (²　　　　　) 方法などの表示がつけられている。
既製服の サイズ表示	JIS 〔(³　　　　　　　　　)〕によって定められている。成人では，身長と (⁴　　　　　　　) やバスト・チェスト・ウェスト・ヒップのサイズが表示される。
JIS L 0001	輸入衣服の増加にともない，2016 年から取扱い表示は一部の国を除き，(⁵　　　　　　　　　) となった。

確認 1

被服の表示について，（　　　）に適する言葉を記入しよう。

(¹　　　) 表示	使用繊維，混用率，裏地，部分別の組成などを表示。
取扱い表示	家庭 (²　　　) や漂白，(³　　　　　　) 仕上げなどの項目を表示。
(⁴　　　) 表示	コート類など，特殊な性能をもつ衣服に表示。
その他の表示	デメリット表示や取扱い注意表示など，(⁵　　　　　) で表すことができない取扱い方法を記載。
表示者名，連絡先	表示者の名前と (⁶　　　　) （住所か電話番号）を表示。

確認 2

次の取扱い表示の意味について，（　　　）に適する言葉を記入しよう。

〔40〕	液温は(¹　　)℃を限度とし，洗濯機で弱い洗濯ができる	⊠	家庭での洗濯(²　　)	△	塩素系及び酸素系の漂白剤を使用して(³　　　)ができる
日陰マーク	日陰の (⁴　　) がよい	⊗	(⁵　　　) 禁止	アイロンマーク	底面温度(⁶　　　)℃を限度として，アイロン仕上げができる

確認 ③

既製服購入時の確認について，（　　　）に適する言葉を記入しよう。

デザインの確認	着る時期や目的に合っているか，（¹　　　）・柄・（²　　　）などが自分に似合うか，手持ちの被服と（³　　　　　　　）られるか。
表示の確認	（⁴　　　　　　　）が合うか，洗濯など手入れはしやすいか。
縫製の確認	縫い目や（⁵　　　　　）つけ，縫い目のしまつがしっかりしているか。
価格の確認	予算に合うか，購入後の（⁶　　　　）・交換はできるか。
試着して確認	サイズや形が体に合い，脱ぎ着や（⁷　　　　）がしやすいか。着心地がよいか。

確認 ④

健康で安全な衣生活を送るため次のことに気をつけたい。関係の深いものを線で結んでみよう。

(1) 被服圧　・

(2) 皮膚障害（ひふしょうがい）　・

(3) 着衣着火（ちゃくいちゃっか）　・

・a 皮膚を刺激してかゆみや炎症を生じることをいう。縫い目による物理的刺激や繊維・布の加工剤による化学的刺激が原因。

・b 着用している衣類に着火した火災のこと。そで口が広い被服や起毛した布は着火の原因になりやすい。

・c 被服による身体が受ける圧迫のこと。しめつけが強すぎると身体の変形，呼吸障害，血行障害，外反母趾（がいはんぼし）などの原因になりやすい。

考　察

自分の衣服の表示を調べてみよう。

衣服の種類	組成表示	取扱い表示	その他
(記入例) 長そでシャツ	ポリエステル100％	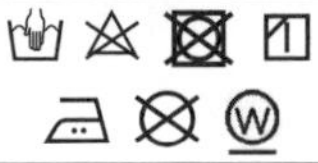 �ြ ⌗ ⌧ ⊡ ⊿ ⊗ Ⓦ	デメリット（色落ちなど）の表示など

振り返り　次の文章が正しければ○を，誤っていれば×を記入しよう。

・高齢者の寝衣や幼児の浴衣は，防炎製品や難燃加工製品の着用を考えたい。

… （¹　　　）

・布への表示印刷や縫い目の接着など，皮膚への刺激を小さくする工夫がされている。

… （²　　　）

【自己評価】

・被服の管理や安全性など，適切な被服の選択について理解できたか。

… （ Ａ・Ｂ・Ｃ ）

❺ 持続可能な衣生活

____年____組_____番　　　____月____日

名前

| 学習の ねらい | ・被服計画の必要性を理解する。
・衣生活における持続可能な社会について理解する。 |

---

memo

はじめに

持続可能な社会をめざし，衣生活の中でできることは何か考えてみよう。

> 被服の選択・購入から廃棄までのいろいろな場面でできることがあるね。

チェック　重要語句をまとめよう。

> Check

ファスト ファッション	世界的な流行を素早く採り入れた新商品を，(^{1}　　　　　)で大量に販売する。被服の(^{2}　　　　　)傾向や着用期間の(^{3}　　　)化により，被服の廃棄量を(^{4}　　　)させている。
フェア トレード	開発途上国の原料や製品を(^{5}　　　)な価格で(^{6}　　　　　)に購入することにより，立場の(^{7}　　　)開発途上国の生産者や労働者の生活改善と(^{8}　　　)を目指す「貿易のしくみ」のこと。
SDGs	国連が定めた(^{9}　　　　　　)な開発目標。(^{10}　　　)の目標を 2016 年～(^{11}　　　　)年までの 15 年間で達成することを目指す。衣生活では，12「つくる責任　(^{12}　　　　)責任」の目標に該当する。

確認 **1**

SDGs目標 12 におけるターゲットと衣生活について，関係の深いものを線で結んでみよう。

(1) リユース　　　・

(2) リサイクル　　・

(3) リフォーム　　・

(4) ウォームビズ
・クールビズ・

・a 回収した古着を細かく裁断してほぐし，繊維に戻した(反毛)後，軍手やウエス(工場で使用される油ふきぞうきん)に利用される。

・b 季節や気温の変化に応じて，被服を薄着にしたり重ね着をしたりするなど着方の工夫をする。

・c 人にゆずったり，中古衣料として輸出したり，ガレージセールやリサイクルショップを活用して衣服を再利用する。

・d 別のものにつくりかえる。リメイクともいう。きものは，半纏やちゃんちゃんこなどにつくりかえた。これを繰り回しという。

確認 2

被服計画とは，被服の入手から処分・再利用まで計画的に行うことである。（　　　）に適する言葉を記入し，再利用や再資源化などの利用方法等について考えてみよう。

新たな被服の（¹　　　　　）　　　廃棄または再利用，（²　　　　　　　）

- 新しい服が欲しいんだ。
- なぜ欲しいの？
- ほころびができたり，サイズが合わなくなったりしたから。

- いらなくなった服の処分方法について考えないといけないね。
- ごみとして捨てるほかに，友だちに譲ったり古着屋に売ったりするよね。他に方法はあるかな？

入手の（⁵　　　　　）　　　　（³　　　　）・入手と予算

一つひとつの被服を大切に，長く使い続けるための知識や技術，そして資源としての活用法などを考えたいね。

- もう一度考えてから購入しないといけないね。
- 人から譲ってもらったりレンタルしたりすることもできるかも…。
- これまでに習った補修をして，できれば長く着たいね。
- サイズ直しは専門店に頼むしかないね。

被服の（⁴　　　　　）

- 服を買うには情報を集めたいね。
- 価格はもちろんのこと，どこで買うかも大切だね。
- 直すにも購入するにも，予算を考えないといけないね。

考　察

エネルギーを使わず季節や気温の変化に合わせて着方を工夫したい。あなたはどのような工夫をしますか。

_____
_____
_____

・暑いときは体熱を外に（¹　　　　）。
・寒いときは（²　　　　）をする。

振り返り　次の文章が正しければ○を，誤っていれば×を記入しよう。

・安価な被服の多くは，安い賃金で働く開発途上国の人たちがつくっている。

…（¹　　　）

・自然の変化に対応し着心地を高めた被服素材の開発はこれから進められる。

…（²　　　）

【自己評価】

・衣生活における持続可能な社会について理解できたか。…（　A・B・C　）

❶人間と住まい

___年___組_____番　　　　___月___日

名前

学習の
ねらい
・現代の住まいの課題を理解する。
・日本の住まいの特徴を理解する。

memo

はじめに

住まいは，自然から身を守るシェルターであることを小・中学校で学んだ。では，人間らしい住まいとは，どんな機能が加わっていることだろうか。

> 一日の疲れがとれるところかな。

チェック　重要語句をまとめよう。

Check

空き家の増加	空き家が増加する理由 ① (¹　　　　　) の増加を上回って新しい住宅が供給されている。 ②空き家を解体して更地にすると (²　　　　　) の負担が増える。 ③高齢の親が亡くなった場合，別世帯をつくって別の場所で暮らしている子どもは，(³　　　　　) その他の理由で，Uターンできない。
最低居住面積水準と誘導居住面積水準	最低居住面積水準：(⁴　　　) で (⁵　　　　) な生活に不可欠な住宅の面積。およそ (⁶　　　　)。 誘導居住面積水準：(⁷　　　) な生活で (⁸　　　　　) へ対応できる住宅の面積。およそ (⁹　　　　)。
間取り図	間取り図から読み取れるもの：部屋の (¹⁰　　　) や (¹¹　　　　)，台所，浴室，ドア・窓の位置など。建物内の (¹²　　　) も把握できる。 間取り図を描くルール：JIS規格の (¹³　　　　　) を用いる。

確認 ❶

日本の住まいの知恵について，次の文章の（　　）に適する言葉を記入しよう。

昔から使われてきた (¹　　　　) は，(²　　　　　) を有効に使うことができて便利である。襖や障子は，(³　　　　) 動かしやすく，開閉によって (⁴　　　　) が調節でき，(⁵　　　) 障子は光を反射するので夜閉めておくと (⁶　　　　　) を高める。

memo

確認 2

日本の住まいの歴史について，関係の深いものを線で結んでみよう。

(1) 竪穴式住居 ・

(2) 高床式建物 ・

(3) 寝殿造 ・

(4) 書院造 ・

(5) 長屋 ・

・a 住居内に生業の空間がなく，江戸の労働者が住んだ。

・b 土の上に筵などを敷いて寝る。簡素な板床を設ける例もある。

・c 武士社会で発達し，床の間，違棚，付書院がある。

・d 稲の倉庫や祭場などに使われ，祭事に携わる者が寝泊まりした。

・e 貴族が暮らし，間仕切りがなく，屏風や几帳で空間を仕切った。

確認 3

高齢者の住まいについて，次の文章の(　　)に適する言葉を記入しよう。

　高齢になると足腰が弱って(1　　)しやすくなったり，(2　　)生活になったりする。こうした場合でも住みやすいためには，(3　　)をなくしたり，廊下・風呂・トイレに(4　　)をつけたりするとよい。

　また，子ども世帯との(5　　)，高齢者向け住宅への入居，(6　　)などで，安心や住みやすさを追求する例も増えている。

考察

次の2つの間取り図を読み取って，それぞれのよい点と残念な点を考えてみよう。

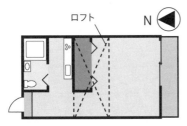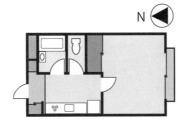

振り返り　次の文章が正しければ○を，誤っていれば×を記入しよう。

・住まいは環境権として，基本的人権の中に位置づけられつつある。…(1　　)

・家族が変化しても家を変化させる必要はない。…(2　　)

【自己評価】

・現代の住まいの課題や日本の住まいの特徴を理解できたか。…(A・B・C)

❷健康で快適，安全な住まい

| 学習の ねらい | ・室内の環境を快適に保つための手立てを理解する。
・事故や犯罪を防ぐ住まいの工夫を理解する。 |

memo

はじめに

健康，快適で安全な生活をするために，あなたの家ではどのような工夫をしていますか。なぜそうするのか科学的に考えてみよう。

> 換気をするけれど，なぜだろう？

チェック　重要語句をまとめよう。

Check

ヒートショック	・暖かな部屋から寒い (^{1}　　　　　　) や (^{2}　　　　　　) に行って起こる。 ・(^{3}　　　　　　) の自宅の浴槽などでの死亡事故の原因となる。 ・住まいの快適な (^{4}　　　　) を保つことが健康を左右する。
熱放射	・壁や床，天井の (^{5}　　　　　　) が低いと，室温を高くしても熱放射で (^{6}　　　　　　) は低く感じる。 ・陽が射すと熱放射で熱くなるので，(^{7}　　　　　　) や (^{8}　　　　) で陽射しを遮断すると部屋は暑くなりにくい。
換　気	・(^{9}　　　　　　　　　　　) の原因となる多種類の (^{10}　　　　　　) を室内で使うことが増えている。 ・ダニの原因となる (^{11}　　　) は，換気によりある程度は改善する。 ・(^{12}　　　) に窓があると効果的に換気できる。 ・一面でも窓の上の方から (^{13}　　　　　　　) 空気が外へ，下の方から (^{14}　　　　) 空気が室内に流れ，換気が起こる。

確認 1

夏涼しく過ごす方法について，次の文章の(　　　　)に適する言葉を記入しよう。

　窓やドアなどの開口部を開け，(^{1}　　　　) をよくし，外の (^{2}　　　　) の冷えた空気を室内に入れる。(^{3}　　　　　) のある道路は，含まれる水分が (^{4}　　　) する時に地表の熱を奪うので，気温が下がる。昔から行っている (^{5}　　　　　) はこの原理を利用している。

確認 2

防犯を考慮した住まい・まちづくりについて，関係の深いものを線で結んでみよう。

(1) 監視性の確保　　　・　　　・a 敷地への侵入防止

(2) 領域性の強化　　　・　　　・b 街並みの統一

(3) 適切な維持管理　　・　　　・c 美しく快適な街

(4) 接近への制御　　　・　　　・d 建物内外からの視認性

(5) 被害対象の強化・回避・　　　・e 建築物の強化

確認 3

音に関するトラブルの防止について，次の文章の（　　　）に適する言葉を記入しよう。

　音の感じ方はその時の状況や（1　　　　　　）が大きく，トラブルとなりやすい。静かな（2　　　　　）では特に不快に感じやすい。壁や床が共通の集合住宅では（3　　　　）や（4　　　　）が難しい。戸建でも，車の（5　　　　　　　　）など不快に感じることも多い。（6　　　　）効果があるカーテンなどで工夫しよう。

考察

次のグラフを読み取り，家庭内での子どもや高齢者の事故を防ぐ手立てを考えてみよう。

年齢別家庭内事故死の割合

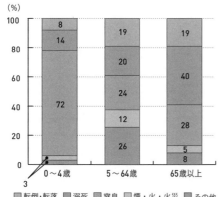

（厚生労働省「平成27年人口動態統計」2016年）

凡例
■ 転倒・転落　■ 溺死　■ 窒息　■ 煙・火・火災　■ その他

振り返り　次の文章が正しければ○を，誤っていれば×を記入しよう。

・おおむね快適な室温は，夏も冬も25℃〜28℃である。…（1　　　）

・火災防止のため，「防火地域」「準防火地域」では燃えやすい木造は建てられない。

…（2　　　）

【自己評価】

・室内の環境を快適に保つための手立てについて理解できたか。…（ A・B・C ）

❸自然現象から命をまもる

____年____組_____番　　　　____月____日

名前

| 学習の ねらい | ・自然災害から命を守る手立てを理解する。
・防災や避難生活を支える行政の役割を理解する。 |

memo

はじめに

日本は災害の多い国といわれている。どのような災害が発生しているだろうか。

> 生活に大きな影響を及ぼすものも多いよね。

チェック　重要語句をまとめよう。

Check

ハザードマップ	国土地理院はハザードマップポータルサイトを開設している。全国の (¹　　　　　), (²　　　　　), (³　　　　　　　), (⁴　　　　　), (⁵　　　　　) 等の災害リスク情報マップが見られる。(⁶　　　　　　　　　　　) で接続できるほか, 役所で配布しているところもある。
建物の揺れを抑えるしくみ	・耐震：(⁷　　　　　　　) や (⁸　　　　　　　) などで建物を強化し, 揺れに耐える。 ・制震：(⁹　　　　　　　　　　　) などで揺れを吸収する。 ・免振：建物と地盤の間に (¹⁰　　　　) や (¹¹　　　　　　) を入れ, 揺れを低減する。
災害対策基本法	国土並びに国民の生命・身体及び財産を災害から保護するために, 国, 地方公共団体や公共機関が (¹²　　　　　　　) を作成し, 災害 (¹³　　　　), 災害 (¹⁴　　　　　), 災害 (¹⁵　　　) 及び防災に関する (¹⁶　　　　　) その他必要な対策を定め, 防災を推進する。

確認 ❶

土砂災害について, 次の文章の(　　　)に適する言葉を記入しよう。

- ●土 石 流：山腹や川底の石, 土砂が (¹　　　　　) や (²　　　　　　) などの影響で一気に下流へと押し流される。

- ●がけ崩れ：(³　　　　　) の浸透や (⁴　　　　　) などによって, 急な斜面が突然崩れ落ちる。

- ●地すべり：緩やかな斜面が (⁵　　　　　　) などの影響によって下方に移動する現象で, 被害が (⁶　　　　　) に及ぶ。

確認 2

災害時に出される警報等の種別について，関係の深いものを線で結んでみよう。

(1) 警戒レベル5　　　　　　　　　　・　　　　　・a 避難指示

　　命の危険。直ちに安全確保！　　　　　　　・b 早期注意情報

(2) 警戒レベル4　全員避難　　　・　　　　　・c 洪水注意報，大雨注意報等

(3) 警戒レベル3　　　　　　　　　・　　　　　・d 緊急安全確保

(4) 警戒レベル2　　　　　　　　　・　　　　　・e 高齢者等避難

(5) 警戒レベル1　　　　　　　　　・

確認 3

災害時の避難場所について，次の文章の（　　　　）に適する言葉を記入しよう。

　災害対策基本法では，(¹　　　　　　　　) は次のように災害時の避難場所を指定することを定めている。

● 指定緊急避難場所：命を守るために (²　　　　　　　　　　　　) する場所。

　　　　　　　　　　　災害の (³　　　　) ごとに指定されている。

● 指定避難所：災害で家に戻れなくなった人が (⁴　　　　　　　　　　　) する場所。

考　察

次の写真は応急仮設住宅である。被災者が応急仮設住宅で暮らすために必要な支援は何か考えてみよう。

振り返り　次の文章が正しければ○を，誤っていれば×を記入しよう。

・阪神・淡路大震災では，新築して1年という住宅も崩壊した。… (¹　　　)

・国の災害対策費は，年々増加している。… (²　　　)

【自己評価】

・自然災害から命を守る手立てについて理解できたか。… (A・B・C)

❹持続可能な住生活

____年____組_____番　　　　____月____日

名前

**学習の
ねらい**　・住生活にかかわる費用を理解する。
　　　　　・まちづくりの課題を理解する。

memo

はじめに

**「持続可能な住生活」というとき，あなたが一番大事にしたいことは
どのようなことだろうか。**

> 災害に強い
> 家かな。

チェック　重要語句をまとめよう。

Check

住宅ローン	日本では住宅ローンを借りて家を (¹　　　　) している世帯が多く，住宅・土地のための負債がある世帯の負債現在高は (²　　　　　　　　) を超え，年々増加傾向にある。
限界集落	空き家が増え，やがて消えてゆく集落。 例：地方都市の (³　　　　　　　　) 商店街，中山間地で (⁴　　　　　) の維持が難しい集落
景観法	2004 年に施行された，美しい (⁵　　　) を守り育てる法律。 建物の (⁶　　　) や (⁷　　　) などを規制する。 (⁸　　　　　) 建物・住まいが多く残るまちの (⁹　　　) につながっている。

確認 **1**

日本の住宅市場について，次の文章の (　　　) に適する言葉を記入しよう。

　日本の現在の新築件数は，約 95 万戸となり，その一方で約 11 万戸が (¹　　　) されている。その理由の約 7 割は，(²　　　　　　　) の理由である。さらに，市場で流通している住宅の種別をみると，日本以外の国は (³　　　) が約 70 から 90％であるが，日本では中古は 14.7％でしかなく，日本の住宅市場は (⁴　　　) 中心になっている。

日本の住宅が短命であることの理由について，関係の深いものを線で結んでみよう。

(1) 戦後の住宅難　　　　　　　　・　　　　　・ a 中古市場が形成されない

(2) 住宅産業の成長　　　　　　　・　　　　　・ b 新築住宅購入への誘導

(3) 住宅を長く使う発想の欠如・　　　　　　・ c 「質より量」の住宅供給

(4) 土地の評価が家より高い　　・　　　　　・ d 土地の値段が高騰すると家を壊し土地

　　　　　　　　　　　　　　　　　　　　　　　を売る

確認 ③

都市計画について，次の文章の(　　　　)に適する言葉を記入しよう。

　これまでの都市計画は，土地利用規制によって(^{1}　　　　　　　　　　)を防ぎ，道路・公園などの(^{2}　　　　　　　)を行政が整備して生活基盤をつくり，(^{3}　　　　　　)による鉄道駅周辺の(^{4}　　　　　　)で地域拠点を整備してきた。

考　察

次の写真を見て，歴史的なまちなみで暮らすことのよい点と困難な点を考えてみよう。

景観法で保存されたまちなみ

下郷町 (福島県)

振り返り　**次の文章が正しければ○を，誤っていれば×を記入しよう。**

・リフォームやリノベーションをしてもひとつの家に長く住むことにはつながらない。

　　　　　　　　　　　　　　　　　　　　　　　　　　　　… (^{1}　　　)

・さまざまな世代や職業の人びとが共同作業を行い，まちづくりの課題解決を図っている。… (^{2}　　　)

【自己評価】

・まちづくりの課題について理解できたか。…（ A ・ B ・ C ）

❶収入と支出

学習の ねらい
・家計の収入と支出（種類・流れ）を理解する。
・家計の管理について理解する。

memo

はじめに

教科書p.180のAさんの給与明細を見てみよう。あなたは何が一番気になるだろうか？

> 項目や金額を 見てみよう。

チェック　重要語句をまとめよう。

Check

収　入	収入には (¹　　　　　) 得る収入と，地代・家賃などの (²　　　) から得る収入，(³　　　) ・(⁴　　　　　) 給付などのその他の収入がある。
支　出	生活のために支払われる支出は，(⁵　　　　　) と非消費支出に分類される。消費支出は (⁶　　　) のことであり，非消費支出とは政府・(⁷　　　) 自治体など (⁸　　　　) に納められる支出のことである。
消費支出と 10大費目	消費支出とは，日常生活に必要なモノやサービスの (⁹　　　) のために支払われた金額である。10大費目〔食料，住居，(¹⁰　　　) ・水道，家具・家事用品，(¹¹　　　) ・履物，保健医療，(¹²　　　) ・通信，(¹³　　　)，教養娯楽，その他〕に分けて消費支出を考える。

確認 ❶

非消費支出について，次の文章の（　　　）に適する言葉を記入しよう。

　非消費支出は，所得税や住民税などの (¹　　　) 税と (²　　　　　) 料を合わせたもので，公的機関に納められる (³　　　) 的な支出のことである。所得税率は (⁴　　) が，住民税率は各 (⁵　　　　　　) が決定する。社会保険とは国が運営している保険のことであり，保険の種類によって，加入者のみが支払うものと，加入者と (⁶　　　　　) が折半して支払うものがある。収入からこれらの非消費支出を差し引いた額を (⁷　　　　) という。

確認 2

ライフステージ別家計について，関係の深いものを線で結んでみよう。

(1) 若年期　・　　　・a 収入，支出低い

　　　　　　　　　　・b 食料費，教育費高い

(2) 壮年期　・　　　・c 住居費高い

　　　　　　　　　　・d 食料費，被服費高い

(3) 高齢期　・　　　・e 収入，支出高い

　　　　　　　　　　・f 住居費低い

確認 3

消費支出と10大費目について，次の文章の（　　　）に適する言葉を記入しよう。

　高校生のいる世帯の家計は，消費支出を構成する（¹　　　）大費目の中で最も支出が多いのは（²　　　）費で，次に（³　　　）費となっている。教育費は消費支出全体の（⁴　　　）％であり，全世帯と比較すると突出した支出割合である。

考察

次の資料を見て，あなたはこれからどのようなことに注意して家計管理をしたらよいか考えてみよう。

消費支出の費目別割合（30歳未満単身者）

単位：％

	男性	女性
食料費	23.8	16.6
住居費	25.0	26.1
光熱・水道費	5.1	5.2
家具・家事用品費	2.0	1.4
被服・履物費	3.3	5.5
保健医療費	0.8	2.0
交通・通信費	14.0	18.4
教育費	0.0	0.5
教養娯楽費	15.9	11.3
その他	10.1	12.8
合計	100	100

（総務省「全国消費実態調査」2014年）

振り返り　次の文章が正しければ○を，誤っていれば×を記入しよう。

・生活は，モノやサービスを購入して消費することで成り立っている。…（¹　　　）

・収支は，年齢や世帯人数，働き方によって異ならない。…（²　　　）

【自己評価】

・家計の収支，管理について理解できたか。…（ A・B・C ）

85

❷ 貯蓄と負債

____年____組_____番　　　　____月____日

名前

・貯蓄の目的，方法を理解する。
・ローンの種類・利子について理解する。

memo

はじめに

お小遣いが貯まったので，銀行に行き預金をしようと思ったら，普通預金の利率は 1 年で 0.001 ％，定期預金の利率は 1 年で 0.01 ％だった。あなたなら普通預金，定期預金，どちらに預ける？

> 1 年後には，どのくらいの違いがでるのかな。

チェック　重要語句をまとめよう。

Check

貯 蓄	収入をすべて支出するのではなく，(^{1}　　　　）することも家計にとって重要である。貯蓄は，将来の夢を達成したり，(^{2}　　　　）に備えたりするために必要であるが，その目的は(^{3}　　　　）によって異なっている。
利 子	金銭の貸借の際に金額と(^{4}　　　）に応じて一定の割合〔(^{5}　　　）〕で支払われる金銭のこと。お金を預けると，利子を(^{6}　　　）ことができ，お金を借りると，利子（金利）を払わなければならない。
ローン	金融機関では個人にお金を貸すことを(^{7}　　　　）と呼び，住宅ローン，自動車ローン，教育ローンなどの(^{8}　　　　）のローンと，その使い道を借り手が自由に決められる(^{9}　　　　）ローンがある。利子は金融機関によって異なり，消費者ローンは他のローンと比べて，一般に利子が(^{10}　　　）。

確認 ❶

預貯金と投資について，次の文章の（　　　）に適する言葉を記入しよう。

　貯蓄には，さまざまな方法がある。金融機関を利用して普通預金や(^{1}　　　）預金などでお金を預けると，一般的には(^{2}　　　）がつく。また，有価証券〔株券や(^{3}　　　），投資信託など〕を購入して資産を増やすこともある。株券を購入することは，その企業に(^{4}　　　）することである。株券は一般に企業の利益が増大すると価格が(^{5}　　　），利益を手に入れることができるが，逆に経営が立ちゆかなくなると，株式の市場価格が(^{6}　　　）する。

確認 2

金融機関の種類について，関係の深いものを線で結んでみよう。

(1) 普通銀行 ・ ・a 日本郵政

(2) 政府系金融機関 ・ ・b 住宅金融支援機構

(3) 協同組織金融機関 ・ ・c 都市銀行

(4) 特殊会社 ・ ・d 生命保険会社

(5) 保険会社 ・ ・e 消費者金融会社

(6) ノンバンク ・ ・f 信用金庫，農業協同組合

確認 3

連帯保証人について，次の文章の(　　　)に適する言葉を記入しよう。

借金・賃貸契約の場合，(¹　　　　　)が求められることがある。保証人の中でも連帯保証人は，借りた人と同じ(²　　　　　)を負うことになる。従って，借りた人が借金を支払えなくなったら，貸した人は(³　　　　　)に支払いを求めてくる。自己破産者の(⁴　　)人に１人が，連帯保証人になったことが原因で(⁵　　　　　)している。

考察

次の表を見て，20，30歳代の貯蓄目的，60，70歳代の貯蓄目的の大きな違いをまとめてみよう。

貯蓄の目的　　　　　　　単位：％

	世帯主の年齢					
	20歳代	30歳代	40歳代	50歳代	60歳代	70歳代
病気や不時の災害への備え	33.9	51.1	49.0	54.3	63.7	68.3
子どもの教育費	50.8	67.2	63.2	29.0	3.6	2.2
子どもの結婚資金	6.8	4.4	5.1	8.6	6.1	1.6
住宅の取得または増改築などの資金	27.1	16.0	11.2	11.7	9.3	5.6
老後の生活資金	18.6	38.3	43.9	61.6	75.7	70.8
耐久消費財の購入資金	16.9	16.8	16.7	15.9	13.4	8.6
旅行，レジャーの資金	30.5	20.2	11.9	11.9	11.8	9.2

(金融広報中央委員会「家計の金融行動に関する世論調査」2018年)

振り返り　次の文章が正しければ○を，誤っていれば×を記入しよう。

・勤労者世帯の貯蓄現在高平均は，1,327万円であるが，100万円未満の世帯は約12％と最少である。…(¹　　)

・ローン返済には利子が加算され，借りた金額よりも多くの金額を返済する。…(²　　)

【自己評価】

・貯蓄，ローンについて理解できたか。…（ Ａ・Ｂ・Ｃ ）

❸ 世界とつながる家計

＿＿年＿＿組＿＿＿番	＿＿月＿＿日
名前	

学習の ねらい	・経済のグローバル化を理解し，自立した消費者として考える。 ・家計マネジメントの知識を身につける。

memo

はじめに

家計から出たお金はどこへ行くのだろうか。

家計と経済はどのように関連しているのだろうか？

チェック　重要語句をまとめよう。

Check

経済の グローバル化	家計，企業，政府，金融機関が，(¹　　　　) を越えて商品，サービス，労働力，(²　　　　) を循環させることを経済の (³　　　　　　　　) という。世界中で巨大企業の同じ商品が (⁴　　　　) されることで，生活様式の (⁵　　　　) が生じている。
家計の国際化	私たちの生活は諸外国の (⁶　　　　　　) と密接につながっている。このことを，家計の (⁷　　　　　) という。収入面では，外国の企業に (⁸　　　) されること，支出面では (⁹　　　) で生産された (¹⁰　　　) の購入や海外旅行先で買い物などがある。資産面では海外の (¹¹　　　) や債券を購入し，(¹²　　　) する人も増えている。
家計 マネジメント	現在の収入と (¹³　　　) を正確にとらえ，将来の (¹⁴　　　) や負債を検討し，自分が望む生活をつくり上げていくことを家計 (¹⁵　　　　　) という。

確認 ❶

家計と経済の関係について，次の文章の（　　　）に適する言葉を記入しよう。

家計は企業などに (¹　　　　　　) を提供し，収入を受け取り，その収入から (²　　　　)，サービスを (³　　　) する。家計は政府に対しては，(⁴　　　) や社会保険料を支払い，(⁵　　　) や社会保障，公共サービスを受けている。また，家計は (⁶　　　　　　) にお金を預けたり，借りたり，投資をしたり，(⁷　　　) に加入して，利息や (⁸　　　　)，保険金を得ている。家計だけでなく，企業，政府，金融機関の間にも，モノ，(⁹　　　)，お金は動いている。

確認 2

金融商品の安全性について，関係の深いものを線で結んでみよう。

(1) 預貯金　・　　　　　・a 元本が保証される

(2) 債券　　・

(3) 株式　　・　　　　　・b 元本が保証されない

(4) 投資信託・

確認 3

金融市場について，次の文章の(　　　)に適する言葉を記入しよう。

資金を貸し借りする市場を(^{1}　　　　　)という。銀行などの金融機関では，家計が貯蓄したお金を受け入れ，そのお金を家計や企業に(^{2}　　　　　)ことを業務としてきた。(^{3}　　)年代後半の金融システム改革以降，多様な(^{4}　　　　　)を販売し，お金がお金を生み出す(^{5}　　　　　)を家計に促している。

考察

次の資料を見て，あなたはどのような金融商品に興味をもちましたか。

安全性・流動性・収益性の関係

振り返り　次の文章が正しければ○を，誤っていれば×を記入しよう。

・家計は企業などに労働力を提供し収入を受け取り，モノ，サービスを購入する。

…(^{1}　　)

・ドルに対して円の価値が上がることを円安，下がることを円高という。…(^{2}　　)

【自己評価】

・経済のグローバル化，家計マネジメントについて理解できたか。…(A・B・C)

❶消費生活の現状

_____ 年_____ 組_____ 番　　　　　_____ 月 _____ 日

名前

<table>
<tr><td>学習の
ねらい</td><td>・消費生活の現状について理解する。
・悪質商法の危険性を理解し対処法を考える。</td></tr>
</table>

memo

はじめに

> ニュースなどで取り上げられた問題を思い出そう。

消費者問題にはどのようなものがあるだろうか。

チェック　**重要語句をまとめよう。**

Check

消費者問題	消費者問題とは (^{1}　　　　　) の行為によって消費者に (^{2}　　) ・損害が発生する場合や，発生する (^{3}　　　　　) がある問題のことである。
悪質商法	(^{4}　　　　　) を対象に，組織的・反復的に行われる (^{5}　　　　　) で，その商法自体に (^{6}　　) な行為や (^{7}　　) な手段・方法が組み込まれたものを (^{8}　　　　) という。(^{9}　　　) をされても同じような被害が後をたたない。
金融システム改革	銀行・(^{10}　　　) ・保険業に分かれていた業務に相互に (^{11}　　　　) できるようになり，(^{12}　　　　) 自由化や様々な金融商品の (^{13}　　　) が可能になり，銀行でも投資信託を購入できるなど，(^{14}　　　　) が大きく変わった。しかし，一般の消費者には難解な取引や，事業者との (^{15}　　　　) の格差，元木保証がない (^{16}　　　　) 商品によって，契約において (^{17}　　　) な立場におかれやすい消費者が多額の (^{18}　　　) を被る被害も発生している。

確認 **1**

消費者問題の歴史について，次の文章の（　　　）に適する言葉を記入しよう。

　日本では 1960 年代までは，不良マッチ事件やニセ牛缶事件，(^{1}　　　　　) 事件など，商品の (^{2}　　　　　) や品質にかかわる問題が多かった。1970 年代からは，SF〔(^{3}　　　)〕商法や悪質な訪問販売など契約時点に問題がある (^{4}　　　　) が現れた。1980 年代からは，情報化，サービス化，国際化の動きが加速し，クレジットカード・キャッシングカードが普及し，(^{5}　　　　　) の問題が増加した。また，(^{6}　　　　) 事件など資産形成にかかわる問題が現れた。2000 年代以降は (^{7}　　　　) などを利用した消費者問題が起こるようになった。

確認 2

悪質商法について，関係の深いものを線で結んでみよう。

(1) デート商法　・

(2) マルチ商法　・

(3) アポイント
　　メント商法　・

(4) SF商法　・

(5) キャッチ
　　セールス　・

・a 購入者が新たな購入者を勧誘し一部の者が利益を吸い上げるピラミッド型に拡大する。

・b 恋愛感情を利用し高額な商品やサービスを契約させる。

・c 電話などで会う約束を取りつけ，密室で就職に有利など資格取得を勧め，教材の購入や講座の受講をしつこく迫る。

・d 路上で声をかけ，事務所などに連れ込み商品の購入を迫る。

・e 展示会などで人を集め断りづらい空気を作って商品購入を迫る。

確認 3

消費者被害の事前対策について，次の文章の(　　)に適する言葉を記入しよう。

●悩みや不安などを（¹　　）する。

●SNSなどに潜在する（²　　）を認識する。

●実践的な（³　　）をする。

●日ごろから（⁴　　）や知識を増やしておく。

●誰しも消費者被害にあう（⁵　　）があることを認識する。

考　察

次の資料を見て，あなたが勧誘を受けた際，一番検討したい項目をあげてみよう。

勧誘を受けた際の対策

●家族や消費生活センターなど信頼できる相手に相談する。
●警戒的・客観的に検討する。
□ 本当に必要なものであるか，購入・契約する価値があるものか
□ 買わないと相手に失礼であると感じたり，自由を束縛された場の雰囲気に影響されていないか
□ 勧誘内容に否定的に感じる部分はないか
□ 勧誘内容を適切に理解し納得できたか，勧誘内容の説明は本当に正しいものか
□ 勧誘者から契約することを強制されて，判断に影響を受けていないか
□ 勧誘者は信頼できるか，信じる根拠は十分か

(消費者庁「若者の消費者被害の心理的要因からの分析に係る検討会報告書」)

振り返り　次の文章が正しければ○を，誤っていれば×を記入しよう。

・訪問販売は不意打ちで訪問し，消費者が商品を理解できないまま契約してしまうことがある。…（¹　　）

・オンラインゲームに関するトラブルなどに，子どもが巻き込まれる可能性は低い。…（²　　）

【自己評価】

・消費生活の現状，消費者問題について理解できたか。…（ A・B・C ）

❷消費社会の落とし穴

_____年_____組_____番　　　　　_____月_____日

名前

| 学習の
ねらい | ・消費社会の特徴と問題点について理解する。
・キャッシュレス決済のしくみ, 問題点について理解する。 |

---

memo

はじめに

あなたはモノやサービスを買うとき, どのような情報をどうやって調べるだろうか？

> 情報収集の方法は, いろいろあるよね。

[空欄]

チェック　重要語句をまとめよう。

Check

情報 リテラシー	情報を使いこなす (^{1}　　　) をさす。情報をうのみにすることは, 自分が詐欺や (^{2}　　　) の被害にあうだけではない。(^{3}　　　) を拡散したり, (^{4}　　　) 感染などの危険にさらしたり, 他人の (^{5}　　　) を侵害したり, (^{6}　　　) を起こすなど, (^{7}　　　) を傷つけてしまう可能性がある。
未成年者 取消権	未成年者が親の (^{8}　　　) を得ずに契約した場合には, その (^{9}　　　) を取り消すことができることをいう。弱い立場の (^{10}　　　) と強い立場の (^{11}　　　) は対等ではないということを基本的な (^{12}　　　) として, 弱い立場の消費者を守るような (^{13}　　　) が用意されている場合が多い。
多重債務	すでにある借金の返済にあてるために, (^{14}　　　) がいらない消費者金融業者から借り入れる行為を (^{15}　　　), (^{16}　　　) の支払いがかさんで借金が (^{17}　　　) 式に増え続けること。

確認 1

身近にある契約について, 次の文章の (　　　) に適する言葉を記入しよう。

お互いが (^{1}　　　) すれば契約は成立する。たとえ (^{2}　　　) でも契約は成立する。(^{3}　　　) には, 私たちが商品を購入する場合に適用される (^{4}　　　) 契約, アパートを借りる場合に適用される (^{5}　　　) 契約, アルバイトをする場合に適用される (^{6}　　　) 契約などがある。契約の (^{7}　　　) によって, それぞれに見合った契約のしかたが用意されている。

確認 2

成年年齢引き下げにより，18歳でできること，できないことについて，あてはまるものを線で結んでみよう。

(1) できること　　・　　　　　・a ローンを組む

　　　　　　　　　　　　　　・b 飲酒

　　　　　　　　　　　　　　・c クレジットカードをつくる

　　　　　　　　　　　　　　・d 携帯電話の契約

(2) できないこと　・　　　　　・e 結婚

　　　　　　　　　　　　　　・f 喫煙

確認 3

クレジットカードの利用について，次の文章の（　　　）に適する言葉を記入しよう。

　クレジット契約は，消費者・(1　　　　　　　　)・クレジット会社が当事者となる (2　　　　　　) 契約が主であるが，最近では四者間の取引が増えてきている。代表的な支払い方法は，翌月一括払い，(3　　　　　　) 一括払い，(4　　　　) 払い，リボルビング払いで，分割払いとリボルビング払いは所定の (5　　　　　　) がかかる。クレジットカードの利用は，その (6　　　　　　) だけでなく，利用金額に応じた (7　　　　　　) やさまざまな特典，(8　　　　　　) が受けられることなども影響していると考えられる。

考察

次の広告を見て，どのように思いましたか。また，このような誇大広告を見たことがありますか。

誇大広告の例

振り返り　次の文章が正しければ○を，誤っていれば×を記入しよう。

・現金を使わない決済の割合が増え，家計のキャッシュレス化が進んでいる。

　　　　　　　　　　　　　　　　　　　　　　　　　　… (1　　　)

・カード会社への支払いが遅れてもブラックリストに載ることはない。… (2　　　)

【自己評価】

・消費社会の特徴，課題について理解できたか。… (A・B・C)

❸行動する消費者

学習の
ねらい
・消費にかかわる法律や制度を理解する。
・消費者の権利と責任を理解する。

memo

はじめに

あなたは，購入した商品に欠陥があったとき，どうするだろうか。

> 買ったばかり
> のバッグのひ
> もがすぐに切
> れたら…？

チェック　　重要語句をまとめよう。

Check

消費者基本法	消費者に一定の権利があることを認めて，(^{1}　　　　　　）と実質的に対等となるように制度的な枠組みを整え，(^{2}　　　　　　）・行政の指針を規定する法律として (^{3}　　　　　　　　　　）が制定された。その後，規制緩和，規制改革が進み，消費者の自立が求められるようになり，(^{4}　　　　）年に改正された，消費者の (^{5}　　　　　　）と消費者の (^{6}　　　　　　）を中心とした法律。
消費者委員会	各省庁が取り組んでいた消費者行政を (^{7}　　　　　）するため，2009年に (^{8}　　　　　　）が設立され，同時に消費者が行政全般の (^{9}　　　）や提言を行う (^{10}　　　　　　　　）も設置された。両者は連携をしながら，各省庁や (^{11}　　　　　　　　　　）への司令塔としての役割を果たしている。
消費者の8つの権利	1. 基本的ニーズが保障される権利 2. (^{12}　　　）が保障される権利 3. (^{13}　　　）＝説明が与えられる権利 4. 選択＝(^{14}　　　　　　）する権利 5. (^{15}　　　）が聞き届けられる権利 6. 救済＝(^{16}　　　　）を受ける権利 7. (^{17}　　　　　　）を受ける権利 8. (^{18}　　　　　　）で生きる権利

確認 ❶

消費者の5つの責任について，次の文章の（　　　　）に適する言葉を記入しよう。

　　1980年代に国際消費者機構〔(^{1}　　　）〕が，消費者の8つの権利と5つの責任を提唱し，権利の部分は (^{2}　　　　　　　　）法にも基本理念として組み込まれている。

1. (³　　　　) 意識をもつ責任　　　4. (⁶　　　) に配慮する責任

2. (⁴　　　) して行動する責任　　　5. (⁷　　　) ＝連帯する責任

3. 社会的弱者に (⁵　　　) する責任

確認 ②

被害の防止と回復について，関係の深いものを線で結んでみよう。

(1) 製造物責任法　　　　・　　　　・a 訪問販売，電話勧誘販売の被害

(2) 特定商取引法　　　　・　　　　・b 製品の欠陥による被害

(3) 消費者契約法　　　　・　　　　・c 適格消費者団体による差し止め請求

(4) 消費者団体訴訟制度・　　　　・d 不当な条項が含まれる契約の被害

確認 ③

消費者教育推進法について，次の文章の(　　　)に適する言葉を記入しよう。

日本で (¹　　　　) 年に制定された法律。消費者市民社会を「自らの消費行動が現在および将来世代に影響を及ぼしうることを自覚して，公正で持続可能な社会の形成に積極的に参画する社会」と定義している。持続可能な (²　　　　　　　　) に向け，消費者の (³　　　　　　) を行使することが (⁴　　　　　　　　) の形成につながると考えられている。

考　察

次のようなとき，あなたはどのような方法で契約を取り消しますか。

重要な点でうその説明を受けた

将来の変動が不確実なことを断定的に言われた

振り返り　次の文章が正しければ○を，誤っていれば×を記入しよう。

・メーカーの過失がある場合のみ補償が受けられる。… (¹　　　)

・消費者問題として，生産・消費・廃棄の過程で，環境や資源にかかわる新たな問題も生じている。… (²　　　)

【自己評価】

・消費にかかわる法律や制度，消費者の権利と責任について理解できたか。

… (A・B・C)

❶ 持続可能なライフスタイルと環境

＿＿年＿＿組＿＿＿＿番　　　＿＿月＿＿日

名前

学習の
ねらい
・環境に与える影響を理解する。
・持続可能な社会を目指したライフスタイルを考える。

memo

はじめに

あなたが着ている服はどの国でつくられているだろうか？

> 日本製の
> ものかな？

チェック　**重要語句をまとめよう。**

Check

SDGs 目標12	1.（¹　　　　　　　）な消費と生産枠組みの実施 2.（²　　　　　　　）の管理・効率的な利用 3.（³　　　）廃棄の半減 4.適正な化学物質等・（⁴　　　　　）の管理 5.リサイクル・再利用などによる廃棄物の（⁵　　　　　　） 6.企業は持続可能な取り組みを定期報告 7.行政は持続可能な（⁶　　　　　　）を促進 8.調和した（⁷　　　　　　　　）の意識を持つ
経済的投票	商品の生産過程をたどってみれば，代金を支払っている相手は（⁸　　　　　　）や（⁹　　　　　　　）など，倫理的に配慮に欠けた生産者かもしれないし，逆に（¹⁰　　　　）な生産者かもしれない。買い物で，自分が（¹¹　　　）したい商品や（¹²　　　　　　）にお金を支払うことをいう。
パリ協定	2020年からの（¹³　　　　　　）対策の国際ルール。産業革命前からの気温上昇を（¹⁴　　　　　　）に抑えるため，今世紀後半に世界全体で排出を実質（¹⁵　　　）にすることをめざしている。

確認 ❶

気候変動による環境破壊と格差の拡大について，次の文章の（　　　）に適する言葉を記入しよう。

森林の減少は，そこで暮らす人びとの薪などの（¹　　　　　　　）を奪い，生活苦に追いやることもある。また，湧き水などを減少させ，（²　　　　　　）で降雨パターンの変化によって渇水や（³　　　）が起きて，活用できる（⁴　　　　　）も減少してしまう。（⁵　　　　）人びとは井戸を深く掘り水を確保できるが，（⁶　　　　　）は質が悪く少なくなった湧き水を利用するしかない。発展の裏で起こっている（⁷　　　）拡大や（⁸　　　　　）にも目を向けたい。

確認 2

地球環境問題の国連の取り組みの変遷について，関係の深いものを線で結んでみよう。

(1) 1972 年 ・　　　　　・ a 「持続可能な開発目標(SDGs)」合意

(2) 1992 年 ・　　　　　・ b 国連持続可能な開発会議開催

(3) 2002 年 ・　　　　　・ c 持続可能な開発に関する世界首脳会議開催

(4) 2012 年 ・　　　　　・ d 国連環境開発会議開催

(5) 2015 年 ・　　　　　・ e 国連人間環境会議開催

確認 3

企業や行政，家庭や個人の取り組みについて，次の文章の(　　　　)に適する言葉を記入しよう。

　日本のCO_2排出量はエネルギー転換部門，(^{1}　　　　　　　)，運輸部門など企業が大半を占め，CO_2排出量の削減には(^{2}　　　)の取り組みがカギを握る。(^{3}　　　　　　　　　)基本法では，廃棄物処理の責任はそれを排出する者《生産者》が負うことになった。家庭における排出量は全体の(^{4}　　　)％であるが，家庭で使用する(^{5}　　　　)の種類や数の増加，大型化による(^{6}　　　　　　　　)も大きく増加している。CO_2を削減しながら(^{7}　　　　　　　)を確保することは人類の重要な課題である。

考 察

次のグラフを見て，あなたが地球温暖化に貢献できることはどのようなことか考えてみよう。

世帯当たりのエネルギー消費割合

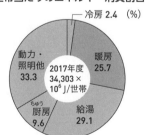

冷房 2.4 （%）

動力・照明他 33.3

暖房 25.7

2017年度 34,303 × 10^6 J/世帯

厨房 9.6

給湯 29.1

(経済産業省「エネルギー白書」2019 年)

振り返り　次の文章が正しければ○を，誤っていれば×を記入しよう。

・チョコレート・Tシャツ・カカオ豆・綿花などの生産は先進国の児童労働によって成り立っている。…(^{1}　　　)

・経済，社会，環境の3つの側面のバランスのとれた持続可能な開発，社会をめざしている。…(^{2}　　　)

【自己評価】

・環境に与える影響と持続可能な社会について理解できたか。…（ A・B・C ）

❶ リアルな課題で生活設計

____年____組_____番	____月____日
名前	

学習の ねらい
・生活設計を考えるための生活資源について考える。
・キャリアを見通すために必要な職業選択について考える。

memo

はじめに

あなたは将来どのような人生を送りたいだろうか。まずは10年後の自分がどのようなことをしているか思い描いてみよう。

考察 ❶

過去を見つめ直すことで10年後の進む方向のヒントが得られるかもしれない。生まれた時から現在までそれぞれの時点でどんなことをしてきたか，どんなことに興味をもったか，振り返ってみよう。

過　去	どんなことをして，どんなことに興味をもっていたか。
保育園 (幼稚園)	
小学校	
中学校	

考察 ❷

長い人生に遭遇すると思われる生活リスクの例をあげてみよう。教科書p.209を参考に，各ライフステージでどんなリスクがあるか，それにどのように対処できるか考えてみよう。

ライフ ステージ	考えられるリスク	どのように対処できるか
青年期		
成人期		
高齢期		

考察 ③

出産にかかる費用と教育費が心配！　どうすればいいか？

ひろさんとじゅんさんは，子どもが生まれると働き方や暮らし方がどのように変わるのか心配があります。会社の先輩に相談したひろさんの事例から，あなたがひろさん，じゅんさんだったらどう考えるか，教科書p.211の資料も参考にしながら考えてみよう。

ひろさん（28歳）

営業職・正社員。最近転職したばかり。3か月就職活動をして，今の仕事をみつけた。就職活動中は，雇用保険給付を受けていた。

じゅんさん（28歳）

ひろさんの妻
正社員。現在妊娠6ヶ月，育児休業をとるかどうか迷っている。

ひろ：ともこさん，ちょっと相談したいことがあるんです。妻が妊娠6か月で，妻が育児休業を考えているのですが❶育児休業中の給付はどのくらいありましたか？私は転職したばかりで❷，育児休業はとりづらいし，十分な貯蓄はないし。❸出産にかかる費用や生活費等も，まかなえるのかと思って。

ともこ：そうね。子どもが大きくなれば❹教育費もかかってくるわね。

ひろ：妻は，子どもが生まれて，復職する時には，❺パートタイムで働くことを考えているんです。そうすると収入は減ってしまうし…。

ともこ：❻仕事と家庭の両立は簡単なことではないけど，いろいろな福祉制度や行政サービス，地域や友人のサポートもあるので，それを受けながらなんとか暮らしているけど。

考察 ④

教科書p.212・213「自分でつくる自分の生き方」を読んで，特に印象に残った人の印象に残った点についてまとめよう。

特に印象に残った人＿＿＿＿＿＿＿＿＿さん

特に印象に残った点

振り返り

【自己評価】

・生活設計を考えるための生活資源について考えられたか。…（ A・B・C ）

・キャリアを見通すために必要な職業選択について考えられたか。…（ A・B・C ）

幼児とのふれあい実践記録

年　　　組　　　番　名前　　　　　　　　　　　　

計画を立てる	日　時	年　　　月　　　日　曜日　　　：　　　〜　　　：
	場　所	
	対象幼児	
	ふれあい体験の方法 （遊びの計画）	
	ふれあい体験での課題	
	どのように実現させるか， 準備すること	
	なかよくなるための方法 （自己紹介）	
学んだことをまとめる	体験して気がついたこと	○身体について ○言葉・会話について ○行動について
	反省・感想	

		年　　　　組　　　番　名前

	日　時	年　　月　　日　曜日　　：　　～　　：
計画を立てる	場　所	
	対象幼児	
	ふれあい体験の方法 （遊びの計画）	
	ふれあい体験での課題	
	どのように実現させるか， 準備すること	
	なかよくなるための方法 （自己紹介）	
学んだことをまとめる	体験して気がついたこと	○身体について ○言葉・会話について ○行動について
	反省・感想	

調理実習記録

月　　日　　　年　　組　　番　名前

調理名	材料名	分量(g)		第1群		第2群		第3群			第4群			その他
		1人分	(　)人分	乳·乳製品	卵	魚介·肉	豆·豆製品	野菜	いも	果実	穀類	油脂	砂糖	

献立名

ねらい

盛りつけ図

合計													
1食分のめやす													
過不足													

自分がかかわった作業は ◯ で囲む。

〈記入例〉

(**野菜炒め**) ├─┬─┬─┬─┬─┬─┬─┬─┬─┬─┤

野菜を
切る　　豚肉を　　野菜を　　肉を戻し、
　　　　炒めて　　炒める　　味つけをして
　　　　いったん　　　　　　盛りつける
　　　　出す

作業手順

( ) ├─┬─┬─┬─┬─┬─┬─┬─┬─┬─┤

( ) ├─┬─┬─┬─┬─┬─┬─┬─┬─┬─┤

( ) ├─┬─┬─┬─┬─┬─┬─┬─┬─┬─┤

( ) ├─┬─┬─┬─┬─┬─┬─┬─┬─┬─┤

今回の実習で学んだこと・応用・研究・その他

自己評価		A	B	C	D	E	感想・反省
	準備・作業手順はうまくいったか。	├─┼─┼─┼─┤					
	協力し、作業によくかかわったか。	├─┼─┼─┼─┤					
	できばえはよかったか。	├─┼─┼─┼─┤					
	調味や分量・時間は正確にできたか。	├─┼─┼─┼─┤					
	切り方や加熱の状態はよかったか。	├─┼─┼─┼─┤					
	時間内にかたづけられたか。	├─┼─┼─┼─┤					

ホームプロジェクト実践記録

年　　組　　番　名前 ＿＿＿＿＿＿＿＿＿＿＿＿

題目		年月日	年　　月　　日

題目選択理由

実施計画・活動の記録

評価

DVD等視聴記録

年　　　組　　　番　名前

テーマ		視聴年月日	年　　　月　　　日
内容・感想			

テーマ		視聴年月日	年　　　月　　　日
内容・感想			

▌これまでの学習を生活に活かそう▌

1 学習したことの中で，どのようなことに関心がありましたか。

2 もっと，深く学びたいことがみつかりましたか。それは何ですか。

3 これからのライフスタイルを描いていくとき，大切にしていきたいことは何ですか。